人物叢書

新装版

河上肇

かわかみはじめ

住谷悦治

日本歴史学会編集

吉川弘文館

ふだん着姿の河上肇　(昭和12年秋)

河上肇の家族（東京にて）

向って右より，鈴木洵子・河上肇・鈴木浩子・(夫人)秀・(次女)鈴木芳子
うしろに立っているのはお手伝の女性。

法然院の歌碑

たどりつきふりかへりみれば山川を
越えては越えて来つるものかな

はしがき

明治・大正・昭和を通じて優ぐれた経済学者が多く輩出したことはいうまでもないが、河上肇博士のような特質ある経済学者は稀れである。博士は農本的農政学・古典派経済学・社会改良・社会政策・孔孟的倫理的経済学・限界効用学説、そしてマルクス経済学等々を背景とした経済学者としてのみでなく、より多く啓蒙的思想家として、また特別な生涯を辿った学者・教授として強い影響力をもった魅力的な河上肇であった。幸い博士は若いころから博士自らの思想と人間を語った多くの著書を残されたから、人は直接それらの著書によって博士を知ることができる。それに博士が逝去されてから、生前親しかった学者・知人・河上会の人々が、甚だ多くを語り、伝記・論文・随想を公けにされた。それについては天野敬太郎氏の編著『河上肇博士文献志』

(日本評論新社刊)が詳細・克明を極めた文献総覧である。これこそ河上肇研究の最良の手がかりであるが、それでもなおここで、そのほかに良い参考書を、というならば、小林輝次・堀江邑一・松方三郎・宮川実氏ら共編の『回想の河上肇』(世界評論社)と古田光氏著『河上肇』の二冊を挙げたい。

本書執筆のはじめに、わたくしの不注意と粗忽さから本書の二倍の分量を書いてしまったので、編集部に原稿をお渡しする直前、殆んど半分に削減しなければならなかった。全体として内容・叙述に均衡のとれないところが少なくないのはそのためである。多くの河上肇伝の片隅にでも、この小著が存在しつづけ得るならば、わたくしの生涯の幸福とすべきである。

昭和三十六年十一月七日

京都にて

住谷悦治

目次

口絵

挿図

第一　ふるさと山口県

一　河上肇博士の魅力

河上肇博士の魅力

河上肇（はじめ）博士が、はじめてこの世の光に照らされたのは明治十二年（一八七九）十月二十日であり、永遠にこの世を去ったのは、昭和二十一年（一九四六）一月三十日であった。その六十八年の生涯において、在世中に若いころから、博士ほど何遍（べん）となくいろいろな雑誌や新聞や評論の対象となった人物は珍らしく、また死後も同じように世間の問題としてその思想・生涯・人物が取りあげられていることも近代日本の社会に稀れであろう。博士はそれほど魅力（みりょく）的な存在であった。いったいそうした人間的魅力はどこにあるのであろうか。その魅力の特質はいかなるものであ

河上会の誕生

ろうか。それは学者として、思想家として、人間としての河上肇博士研究への一つの課題である。博士の死後、京都には「河上会」というものが誕生した。博士の生前の学問的業績を偲(しの)び、博士の人物を追慕し、お互いの学問的・思想的・人間的成長を反省し、出版・講演・座談会等によって博士の業績を顕揚しようとする博士の知人・門弟たちの集まりであるが、これと並んで、京都大学の学生を中心に毎年「河上祭」なるものが、河上会と同じよう

河上博士逝いて二年

追悼を機に〝河上會〟を結成

「河上会」結成の新聞記事（昭和23年2月1日京都新聞）

な目的で盛大に催されている。博士の魅力と影響力とはまことに素晴らしいものであるといわねばならない。

博士みずからも『自叙伝』の冒頭に「現代の日本の学者で、私のやうに様々な方面から、幾度ともなく、人物評論の題目にされたものは、恐らく類例がないであらう」と言い、また「渺たる一学徒の生涯を以てして、かほどまで世間の関心を贏ち得たことは、洵に過分のことと思はねばならぬ」と述べている。しかし他人の描いてくれたさまざまの博士画像は博士にとって満足すべきものではなかった。そこで博士は「一生を閉ぢる前に、一つ自分の気に入るやうな自画像を描いておかう」と思い立った。それが博士生涯の大著五巻の『自叙伝』である。したがって博士を知ろうとするものは、先ず博士の名著『自叙伝』を播くに如くはない。

『自叙伝』を書く動機

しかしながら、博士自身がマルクス学者としてよく知っているように、人が自分自身をどのように考えているかということと、その人がいかにあるかということとは相違しているので、したがって、『自叙伝』のほかに多くの「人物伝」が出るのは、むしろ当然であるといわねばならないのである。ことに河上博士のような稀にみる学者であり、同時に非凡な人物に共通と言ってもよい人間的な弱点をも備えている人物にたいしては、私淑する人々にとって、十人十色の河上像が抱かれていても少しも不思議はないといえよう。

人々の心を打つ共通のことは何か

河上博士の人間的魅力としてあらゆる階層の人々の心を打つ共通的なものは、必ずしも博士の経済学者としての学問の深さとか高さとか、理論の精緻や鋭さとか、流麗な文筆家とか、該博な知識とか、さらにマルクス主義経済学者であるとか、わが国におけるマルクス主義経済学の高揚とその確立者であるとか、いう点にあるわけではないと思う。もちろん、これらの学者としての才幹と業績とは十分に尊敬と魅力に値いする要素であることに相違ないが、人々が博士の前に深く

人生の真実に徹しようとする心

頭を垂れて博士を思慕するところは、博士がその若き日より生涯を通じて人生の「真実」に徹しようと不断に努力した思想家であり、大正・昭和の思想弾圧下を通じて、苦難に耐え断固として学問的良心を守りぬいたその学者的節操の凛々しい人間的態度とにあると言ってよいと思う。

「求道の精神」

人生の真実に徹しようとする不断の意欲は、博士の評伝家によって、しばしば評せられる「求道の精神」として、「求道心」として博士の精進を特長づけたものである。それは博士がマルクス学者として、さらにマルクス主義共産主義者になる以前から、一貫した事実として証明されるところのものである。博士みずからはこれを「真実を求むる柔軟な心」であるという。それは「彼が二十七歳のこ

利己心と利他心との融合・調和への悩み

ろ」の宗教的体験、利己心と利他心との融合調和への真剣な悩みいらい、いくたの思想的遍歴を跡づけつつ老境において「宗教的真理と科学的真理の弁証法的統一」(『自叙伝』二)として把握されたような「真理」、そしてそれは博士の求めた「真実」

宗教的真理を確信する特殊なるマルクス主義者

マルクス主義者として「非転向」を貫徹した

学問的信念に徹した一生

であった。それは求道的精神による不断の追及の到達点であり、マルクス主義者としての博士の安心立命の境地であった。その生涯をかけた長途の求道の心の旅は、博士を知る人々にとって人間的魅力として心を打つものである。またマルクス学者として、さらにその実践的・政治的意味を含めたマルクス主義者＝共産主義者として、当局の狂暴極りなき思想弾圧に屈することなく、「非転向」を貫き徹し、マルクス学を、そして『資本論』の真理性を主張しつづけて少しのこゆるぎをも見せなかったその学問的信念と学者的操守は、それがマルクス主義者たると否とを問わず、人をして感激せしむるところであった。学問的信念のゆえに大学教授を放棄し、学問的信念のゆえに窮乏に堪え、学問的信念のゆえに共産主義者として敢えて入党し、老いて五年の獄中生活に堪え、その生涯の困苦を体験した。それは真実を求むる求道の精神と不可分に表裏した一体であり、人間河上肇が学者河上肇として一体的に統一された姿であり、その血みどろになりつつたどりつづけた博士の生涯そのものが、深く人々の心を打つものであり、それこそがかぎりなき魅力として、博士の死後に至っても人々の心に不断に蘇(よみがえ)ってくるものである。この人生行路を志賀義雄氏は、ジョン＝バンヤンの『天路歴程』に比して、河上肇の共産主義への「共路歴程」と呼んでいる(『河上博士と共産党』)。河上博士の魅力は、博士のマルクス主義学説や共産主義思想そのもの、理論そのものの魅力よりも、マルクス学者への道、さらに共産主義者への道への、「真理」を追い真実を求める六十八年の生涯そのものの、いくた思想的転回を身につけた人間的魅力であると思われるのである。

「共路歴程」

人間的魅力

河上博士が逝去されてから、『回想の河上肇』をはじめとして、実に多くの河上人物評が公けにされている(天野敬太郎『河上肇博士文献志』参照)。博士は『自叙伝』に述べているように、すでに自分にたいする批判の心構えは十分にできていたのであるから、第三者がとやかく気がねや心配をする必要はないと思う。「元来私は硝子(ガラス)張りの家

他人の批判への心構えは十分

に入つてゐるやうな生活が好きで、実際より悪く見られるのは無論嫌だが、在りのままに見て貰つてゐるのが一番気楽でいいと思つてゐた。で私はこれまで世間に向つて自分を取繕ふために、余り気を配つたことはない。むしろ自分の弱点、醜（みにく）い心の動きなどは、早く人に知られてゐる方が安心だと云ふ気持から、普通なら秘密にして置くべきことも自ら進んで懺悔（ざんげ）したやうな場合すらある」と書いているとおりである。博士のような歴史的な、優れた特質のある人物にたいしては、これからも、多くの評伝が出ると思われるが、そうした多くの評伝を通して、それぞれの人がそれぞれの「河上像」を胸の奥深くに抱くことであろう。すでに博士の手によって、いくたの著書・論文・随筆と、『自叙伝』が公けにされていることであるから、人々はそれぞれの「河上像」をもっていっこう差支えない。

いくたの「河上像」が描かれるであろう

二　幼年時代

ふるさと

父の性格は柔和・従順

博士のふるさとは山口県の有名な錦帯橋の近く、錦見村字散畠というところで、岩国川（錦川）のほとりである。父は忠、父の幼名は源といい、これをハジメと読んでいたので、それにちなんで博士の名も肇と名づけたらしいとのことである。母は田鶴。博士は父三十二歳、母十八歳のとき河上家の長男として明治十二年十月二十日の明け方に生れた。父の名を人々は「ちゅう」と呼んでいたが、本当は「すなお」と読むので、『自叙伝』によると、「忠」は古語としては、飾りなく在りのままなこと、質朴・素朴・淳朴を意味し、今では正直、またはおだやかで人に逆わぬこと、従順・柔和を意味するという。したがって博士は、「父の性格または生涯を一字で現はさうとすれば、これくらい相応しい文字は他にない」と言っている。この父は河上家の旧領地であった錦見村の副戸長に任命され、博士が生れたころには、その戸長（村長）を勤めていたという。六歳のとき父（博士の祖父）をうしない、もっぱら母イハ（博士の祖母）の手によって育てられた。父は柔和・従順であって生涯一度もその母に逆ったことがなかったという。この父は八十歳で亡くなったが、博士は父のために、父の性格を思慕して「全孝院到岸日忠居士」という戒名を選び、父が孝道を全うし彼岸に到達した申し分のない人物であったという意味を現わしたと『自叙伝』に書いている。

母田鶴は同姓の河上家から明治十一年六月十五日に嫁入った。結婚後九ヵ月経って、どうしたことか翌十二年三月に離縁になっているが、その時、博士は母のからだに宿ってすでに三ヵ月目になっていた。博士は十月に母の生家で生れ、生れると同時に生母から引き離されて、乳母とともに父の家に引きとられた。「私はそんな訳で、母の乳を呑みえずして育つた。……最上の乳餌は、私を産んでくれた十八歳になる母の乳房から滾々と溢れ出てゐたのに、惜しいことにそれはみな妙覚院の地蔵さまに呑まれてしまつた。兄弟三人の中で母乳を呑みえなかつた私の体格だけが、人並はづれて劣弱な原因の一つは、そこに在るのかも知れな

祖母に偏愛さる

い」と博士は回想している（『自叙伝』一）。博士は祖母の手によって「重湯（おもゆ）」で育てられ、祖母に抱かれて寝た。祖母は二十五歳で寡婦（かふ）となっていたが、博士の生れたときはすでに五十二になっていた。博士は『自叙伝』の中で、その祖母についてこんなことを書いている。「その乳房から乳が出る筈はないが、私が始終吸うてゐたので、やがて透明な液を分泌するやうになり、手で搾（しぼ）るとその液が線を描いて飛んでゐた。あれは何が分泌されてゐたのだろう。類例の少いことに相違ないが、生理学者に訊（き）いて見たら、その成分が分からう。私はそんなものを飲んだのである」（同一三ページ）と。鶴のごとく細く痩せていた後年の河上博士の姿を想い浮べると、何かしら寂しくも微笑（ほほえ）ましさを禁じ得ない。父忠は妻田鶴を離婚してから後妻を迎えたが、その後妻―継母は実子（博士の異母弟暢輔）をもってから継子（ままこ）の博士をいじめ出し、「片手を持つて井戸の中へぶら下げ」たりするようなヒドイことをしたので、博士を可愛がった祖母と折合が悪くなり、異母弟暢輔（のぶすけ）が生れて三ヵ月足らずのうち

実母は復縁したが祖母に育てられる

に離縁になったとのことである。博士が三歳になったころ、実母が復縁したが博士はすでに祖母(ばあ)さん子になっていた。で毎夜、実母が暢輔を抱いて母屋で寝(い)ね、博士は枯れた乳をしゃぶって祖母に抱かれて寝ることに慣れていたので、離れの隠居部屋の祖母の寝床で夜を明かした。

幕末・明治の河上家

父にたいするよき思い出

博士は『自叙伝』の中で、世の評論家などに、よく博士が家老の家に生れたということを書かれたのを気にして、「実際は、私の家の祿高は父の代に一石増されて十九石に過ぎなかつたのだ」と弁解しているが、河上家は代々毛利家の支藩吉川(きっかわ)家に仕えていた下層士族であり、明治七年に一時限りの公債に還元された時は僅に五百円の財産にすぎず、「小身微祿の、実に憐むべき貧乏侍だつたのである」と。それでも博士は「仕合せなことには、私は父について何一つ悪い思ひ出をもつてゐない。父に別れてから年を経るに従ひ、私は益〻懐かしさを増すと共に、孝養の足らざりしことを残念に思ふばかりである。世間には、子孫のために巨万の財産を遺し、後裔に栄爵を譲りなどする点において、私の父よりも優つた親があるかも知れないが、私は毛頭もそれを羨まない。善い思ひ出ばかり残してゐてくれ、何一つ悪い思ひ出の種子を作つてゐない父、これに過ぐる父は世に在り得ないと私は考へてゐる」（同一三ページ）と博士の人間性を偲ばせる感懐を述べている。

幼年時代の河上肇
（中央，向って右は母，左は祖母）

幼少時代は祖母に育てられ、ものごころのつくころも祖母につれられて、村の祭礼や、村芝居や、見世物や、浪花節ききや、当時流行し出した演説会や、そうした淡いいくたの明治初期の文明開化の想い出とともに、成長して行った。十五歳のとき山口中学へ入学するまでの幼少年時代の「ふるさと」の思い出は博士にとっては遠い夢の国のおとぎばなしのような甘いものであったらしい。例えば村の祭礼におけるイキリコ――大名の行列を模したという旧幕時代の仮装行列――の思い出などは一幅の詩画である。

ふるさとにおける祭礼の思い出―一幅の詩画

博士の幼き日のまぼろしのような美しい想い出はかぎりなく『自叙伝』のなかにくりひろげられてゆくのであるが、徳川末期から明治初期にいたる田舎の村ののどけさのうちに博士の人生の夢は育くまれて行った。そして満四年五ヵ月で小学校初等科に入学したが、父が村長として小学校を管理していたので、年齢に関係なしに長男を早く小学校へ入れてしまったという。幼少時代に祖母や母方の祖父の極度の偏愛のうちに育った博士は、相当の我儘な子供になったようで、食事においても我儘からひどい偏食も大目に見られるやら、畳に物をこぼしたり器物を

小学校へ入学す

幼少年からのひどい癇癪持ちと我儘育ち

こわしたりすることに特別にやかましかった祖母も、博士のしたことだと分ると何でもなかった。やっと畳の上を這いあるく頃から、祖母は人間が卑しくなってはいけないといって、菓子はそこいら中にばらまき、博士が自由勝手に取って食うに任せていた。そしてこの我儘っ児はまたひどい癇癪持ちで、何か腹を立てて泣き出したら、まるで手をつけられなかった。一日中祖母を追っ掛け廻わしていたので、祖母は風呂へはいることすら出来なかった。その時は仕方なしに、泣き騒ぐ博士を座敷の柱に括りつけておいた。たびたびひどい癇癪を起し、駄々をこねはじめるとき、大人が下手に押えつけようものならどんな怪我をするか分らぬので、普通だとこらしめのために押入れなどへ監禁するのに、博士の場合はこれと逆で、大人の方が押入れに逃げ込んで難を避ける有様で、『自叙伝』によれば、祖母だか母だかが逃げ込んで内から固く締められている米搗小屋の板戸を外からドンドンなぐって暴れ廻った日のことをかすかに覚えているという。博士はこの

癇癪持ちは祖母からの隔世遺伝

ひどい癇癪持ちについて母方の祖父も祖母も、母も相当の癇癪持ちであり、とくにひどかった祖母からの隔世遺伝であろうと述べている。祖母はよく癪を起したといわれているが、それは癪でなく癲癇だったらしい。

祖母は癲癇持ちだった

癪というのは強度の胃痙攣であるが、癲癇というのは、外界の刺激なく発作的に痙攣・精神異常の症状を現わす疾患で、人事不省となり、倒れ伏して手足をもがき、口から泡を吹くが、暫時にして恢復するという医学の解説らしいが、博士によると、祖母が胃痛を訴えた記憶はないが、発作を起すと、いつもすぐ人事不省になってぶっ倒れ、手足を硬直させてもがき、口からは必ず泡を吹いたという。博士は「私の幼時の記憶は或は間違つてゐるかも知れないが、どうもあれは癪ではなくて癲癇だつたのである」(『自叙伝』一三九ページ)という。わたくしがここに、このような記事を引用したのは、博士が、二十七歳のとき伊藤証信の「無我苑」において体験したという有名な宗教的体験のさいにおける博士の精神的・肉体的状態を連想するからである。このことについては後に記するとおりである。

母方の祖父は文人肌

母方の祖父河上又三郎は霜松軒と号し、文芸の趣味を解し、漢詩や和歌を嗜み藩主吉川家の祐筆をつとめた能筆家で、当時優れた学者的な人物であったようである。多くの和歌の木版本や漢籍の蔵書や明治十六年刊の銅版の『康熙字典』などを備えており、梁川星巌の詩集なども愛読していた。居室には佐藤一斎の「霜松常青」という扁額を掲げていたというが、これは若いころ江戸に出た折、一斎の門を訪ね、特に頼んで書いて貰ったものだろうとのことであり、他にも「独釣晩江」と題する五言絶句の軸物も所蔵していたという。それは後に博士の愛蔵するところとなっていたとのことであるが、この祖父について博士は書いている。「江戸から遠く三百余里を距てた西陲の片田舎に住んで、僅か三十石足らずの小身微禄の貧乏侍が、昌平黌教官たる江戸第一流の儒者佐藤一斎の扁額を書斎に掲げ、星巌集を桐の本箱に収め、康熙字典が出版されたといふと、直ぐそれを取寄せてゐた、などと云ふことを考へ合はせて見ると、祖父は余程文芸に趣味を有つてゐたものに相違ない」(同四七ページ)と。まことにこの数行は博士の人物を研究するための意味深長な資料であり、後年の河上肇博士の「血」を想わせるものである。祖母の隔世遺伝を思うならばそれと同時に、祖父のこの優れた学者的素

(河上左京筆) 三種

質と文芸の天才が河上肇博士の全身に色濃く流れ込んでいたと見なければなるまい。この祖父は画筆も振るったとのことで、襖（ふすま）などは書画の貼（は）り交（ま）ぜになっていたり、「霜松軒河上氏書画章」という印も残っているそうである。博士の末弟左京氏は洋画家として二科会員であったし、従弟も水彩画家であり、博士みずからは中々の能筆家であり、絵画もたしなみ、京大教授のころも河田嗣郎・津田青楓（せいふう）らと寄せ書きをした書画の軸物を多く残している。博士の名著『貧乏物語』の装幀（そうてい）も三種類あるが、いずれも令弟河上左京画伯の筆である。

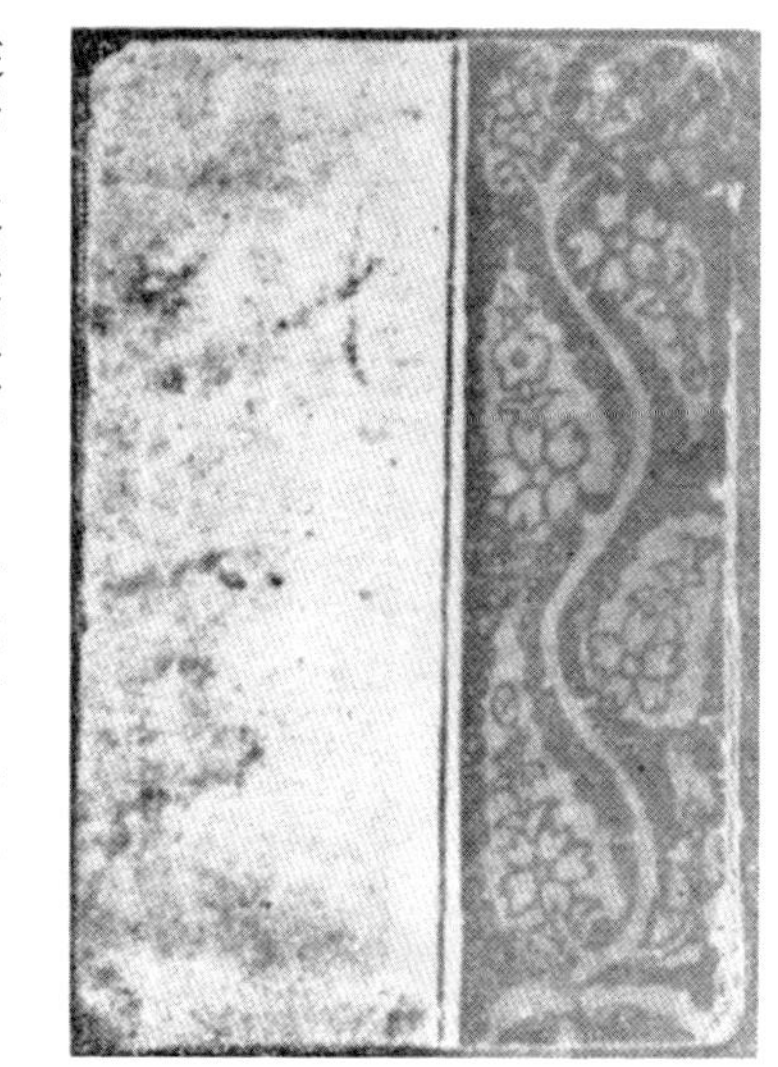
『貧乏物語』の表紙

ともかく博士は祖母の偏愛のうちに育ち、さらに小学校に入学してからも我儘を通していた。が小学校の成績は「成績卓絶」のため賞状や賞品を貰っている。博士は自分では、人並みの才能を有っていたに過ぎないのだから、これは父が村長として相当に幅をきかせていたためであろうと謙遜しているが、幼年時代の祭礼におけるイキリコの行列を、息を呑んで凝視した新鮮な感受性や後年の豊かな詩情について想うとき、母方の祖父霜松の遺伝も考慮すべきであり、やはり相当な優秀な少年であったということは考えられるのである。

三　少年より青年へ

博士が岩国尋常小学校を卒業して、錦帯橋近くの岩国学校に進学したのは、明治二十一年(一八八八)三月。世は政府の弾圧による自由民権運動の終熄したあと、明治二十年の保安条令による民権主義者の逮捕と、自由党の攪乱とを前奏曲として、まさに、明治憲法が発布されようとしていた前夜であった。

少年時代の社会的背景

一方において地租改正によって政府の財政的基礎を築き、資本主義的・国民的統一経済を育成しようとし、他面、憲法によってその法的な基礎づけをし、（新日本として）近代国民主義国家を建設しはじめた時であった。明治政府は当時民間の藩閥打破の叫びに対して藩閥勢力の発展をはかるために、有為の人材を政府に送り込むため、官僚と学者を養成しようとする教育制度を考慮していた。

「防長教育会」の影響

山口県は維新の雄藩として指導層と結びついていたから、その学校教育に早くから意を用い、他県に率先して「防長教育会」なるものを創設し、県下の子弟の教育に意を注いでいた。岩国学校は、その線に沿うた「防長教育会」の資金で経営された学校であった。この育英機関は県出身の明治政府の元老井上馨の建議にもとづき、旧藩主毛利家をはじめ、県民の醵金によって成立したものである。したがって優秀な下層士族層の青少年で経済的余裕のないものはこの育英機関によって、立身出世する機会をつかむことができた。少年河上博士がこの岩国学校へ入学した当時は、この防長教育会の資金で山口高等中学校およびその予備校五学校が経営され、岩国学校はそのうちの一つであり、当時少青年の唯一の出世コースであった。少年河上博士は、その青年への行き道においてこのような教育環境のうちに知識の泉を汲みとったのである。

吉田松陰の影響

旧防長藩は、明治維新に際して、吉田松陰以下、木戸孝允・高杉晋作・山県有朋・伊藤博文ら多くの「志士」たちを生み出している。「志士」とは、松陰の言葉を以ってすれば、「国家の休戚(きゅうせき)をもつて吾休戚となす」人間のことである。全身全霊をもって国家社会の問題を自己自身の問題としてつかむ人間のことである。したがって、たんに「学問」としての学問に専念する「読書人」は軽蔑され、「志士」として学ぶこと、「学者」にしてしかもその志に生きることが尊重された。……少年河上がそのなかで育成された「防長の士風」はこうした性格のものであった。したがって少年河上の胸中には、無意識のうちに、そうした「志士的人間像」が理想的人間像として植えつけられていたのである。……そうした兆は、はやくも岩国学校在学中に現われている……。（古田光『河上肇』二七八ページ）

十二歳時代の論文「日本工業論」

その実例は『自叙伝』に採録されている「日本工業論」という一文で、当時十二歳の少年河上博士の発起で編集された回覧雑誌に掲載されているものである。

……方今旧日本已（すで）ニ去リテ新日本将ニ生レントス。而シテ英アリ露アリ毎（つね）ニ我ガ釁（きん）ニ乗ゼント欲ス。……而シテ我国工業盛ンナラズ。故ヲ以テ例ヘバ戦艦ヲ造ラントスルヤ又之ヲ仏人ニ委任シ、多量ノ金銭ヲ費シ多量ノ苦労ヲ要シ或ハ道ニシテ之ヲ失ヒ、遂ニ我レニ勇アリ武アリ才アリ智アリト雖モ大ニ損スルアルニ至ル、嗚呼（ああ）惜イ哉。是レ実ニ我邦土工業ノ盛ナラザルノ致ス所ニシテ、実ニ我神州ノ為メニ悲ム可キ事実ナリトス。是（これ）ニ依テ見レバ現今ニ於テ工業ノ隆盛ニ汲々タル可キコト、飢渇ノ飲食ニ於ケルヨリモ尚ホ甚シカラザル可カラズ。方今ニ於テハ予輩ハ大ニ工業ノ隆盛ニスベキ必要ヲ感ズルモノナリ。然ルニ世人常ニ尚武ヲ唱ヘ敢テ工業ノ盛ンニス可キコトヲ察セザルモノ比々皆然リトス。後慮ナキモノト云フ可シ、尚武論者以テ如トナスヤ。

早熟な考え方

少年時代から経世家的・実践的素質が現われた

当時頼山陽の『日本外史』など学習していたとはいえ、十二歳の少年としては、考え方の早熟を思わせるものであるが、すでに博士の特質としての経世家らしい風格や、文筆人としての芽生えを感じさせるものである。そしてこの一文の思想的底流は防長教育会の教育方針の影響を想わせるものがある。博士はこの一文を回顧して、「もし何程かの経世家的・実践的な素質が、私のからだに宿ってゐるものとすれば、それは早くも十二歳にしてその萠芽を見せ始めた訳である」(『自叙伝』)と言っている。

博士が自らを「経世家的・実践的な素質」と自認していることについてわたく

しには思い出がある。それは昭和十二年六月、博士が小菅刑務所から出て来た当座、依頼されて『日本評論』に赤城和彦というペンネームで「河上肇と近衛文麿」と題する一文を寄稿したが、それが博士の目にとまって、それにたいする博士の感想が『自叙伝』(二)の「私に対する或る批評」という一節に掲げられている。博士はわたくしの文章を長々と引用されてから、「筆者(赤城和彦)は私に恐ろしく好意を有つてをり、その過褒は、禄二十石足らずの貧乏侍の子を家老の子に祭り上げてゐる程度に、度を過ごしたものとなつて居るけれども、しかし『どこかしら国家主義的な香気が感ぜられ、同時に経世家らしい、実践家らしい風格が偲ばれる』ことを以て、私の『胸の真底に浸み込んでゐる特質』と看做されてゐる点は、実際によく見て貰つてゐると思つて、当人の私が竊に感謝するところである。私は殆どその一生を書斎裡で暮らしたという点では、洵に書斎人であるに相違ないのだが、しかしその本質は飽くまで街頭人であり、実践家であり、従つて書斎裡における学問も亦た終始実践的な性質を失はなかつたものと信じてゐる」（同六六ページ）と。まだ『自叙伝』の出なかった昭和十二年ごろまで、わたくしたちの間では、博士の謹厳な風格からしてか河上先生は長州藩の家老の子だそうだという噂であった。それはともかくとして、そのころのわたくしの河上人物論が博士によってその「経世家的実践家的」という表現が承認されたのみでなく、その後の博士人物論が殆んどわたくしの当時の批判と一致しているのを心ひそかに喜んでいるわけである。博士の志士的・愛国的・経世家的・実践家的特質は、さらに青年時代の二十七歳のとき公刊した『日本尊農論』における農業保全論においても著しく感得できるものである。ことに、最後の『自叙伝』においてさえも自らの本質を次ぎのごとく宣言している。序ながら書いておくが、私はマルクス主義者として立つてゐた当時でも、曾て日本国を忘れたり日本人を嫌つたりしたことはない。寧ろ日本人全体の幸福、日本国家の隆盛を念とすればこそ、私は一日も早くこの国をソヴェト組織に改造せんことを熱望したのである。戦争の真最中に自国の敗戦を希望したからと云つて、それは愛国主義者でないとは限らない。一概に人がさう思うのは、階級国家の本質を科学的に把握してゐないからのことである。……一国の政治機構の上に革命的変革を齎(もた)らさんことを宿願せる天下の志士(傍点はわたくし)が、時に自国の敗戦を熱望することがあるのは、かうした理由に本づくのであつて、それこそは愛国の至情に出づるものなのである」(同六七―八ページ)と。この烈々たる愛国の情熱、経世家的・実践家的士風は生命の燈(ともしび)の消えなんとするときまでも煌々(こうこう)として燃えつづけていたのである。

四　山口高等学校時代

郷里にいたころ、仲間を誘って回覧雑誌を作ったり、米搗(こめつき)部屋に友達を集めて演説会をしたりしている傍ら、『幼年の友』や『少年園』などという子供の雑誌を月々に講読したり、東京の伯父から家へ郵送されていた『時事新報』の連載小説を読んだりして楽しんでいた。

山口高等学校へ進学す

そして明治二十六年九月、年十五、はじめて父母の膝下を離れ山口高等学校へ進学した。博士を熱愛した祖母は涙を浮べて、「これがお暇乞だ」といって別れを惜しんだ。この祖母は、その後も休暇で帰省し、やがてまた立とうとするときいつも同じ言葉を繰返していたが、後に博士が大学の教授になるころまで九十六の高齢を重ねたという。

青春謳歌と文学趣味

山口高等学校時代は博士の青春謳歌の時代であり、将来への発展のための読書と可能性の蓄積と準備の時代でもあった。一面において文学的趣味、他面において経世家的・実践家的の本質がメダルの表と裏のごとく融合し、熟して行った。文学的趣味においては「楓月」の雅号を用いて、当時文壇に高名だった大町桂月にあやかる気持で、自分の生れ月である十月の「もみじ月」を結びつけ、短歌の

文学趣味から文壇的野心に燃ゆ

会を始めたり、当時評判の雑誌『帝国文学』や『文学界』を愛読し、島崎藤村をはじめとして、尾崎紅葉・与謝野鉄幹・土井晩翠・国木田独歩・田山花袋・柳田国男・宮崎湖処子などに心をひかれ、和文では兼好法師の『徒然草』なども愛読してその文体を真似た文章や日記を書き一個の文学青年になりすまし、高校文科生として、将来「ぜひ文名を天下に揚げねばならぬ」というような相当の野心家になっていたほどである。

詩集『若菜集』と聖書

ことに藤村の『若菜集』はとくに愛読したところであり、後になって東京で伊藤証信の「無我苑」に飛び込んだとき、いっさい

島崎藤村『若菜集』初版表紙（明治30年刊）

の蔵書をかなぐり捨てたのにも拘わらず、藤村のこの詩集と聖書とだけを抱いて行ったという話はあまりにも有名である。

　この文学的趣味は高等学校卒業間際になって、「経世的・実践的」な傾向に転回し、東京の大学へ進学しようとするとき、文科から法科へ転科したのであった。「文学志望に決してゐた」博士の胸の底には、「やはり経世家的な気分とでも云つたやうなものが、予ねてから潜んでをり」その傾向が「小説や新体詩に読み耽りながらも、いつしかそれが頭を抬げるやうになつてゐた」のである。この傾向

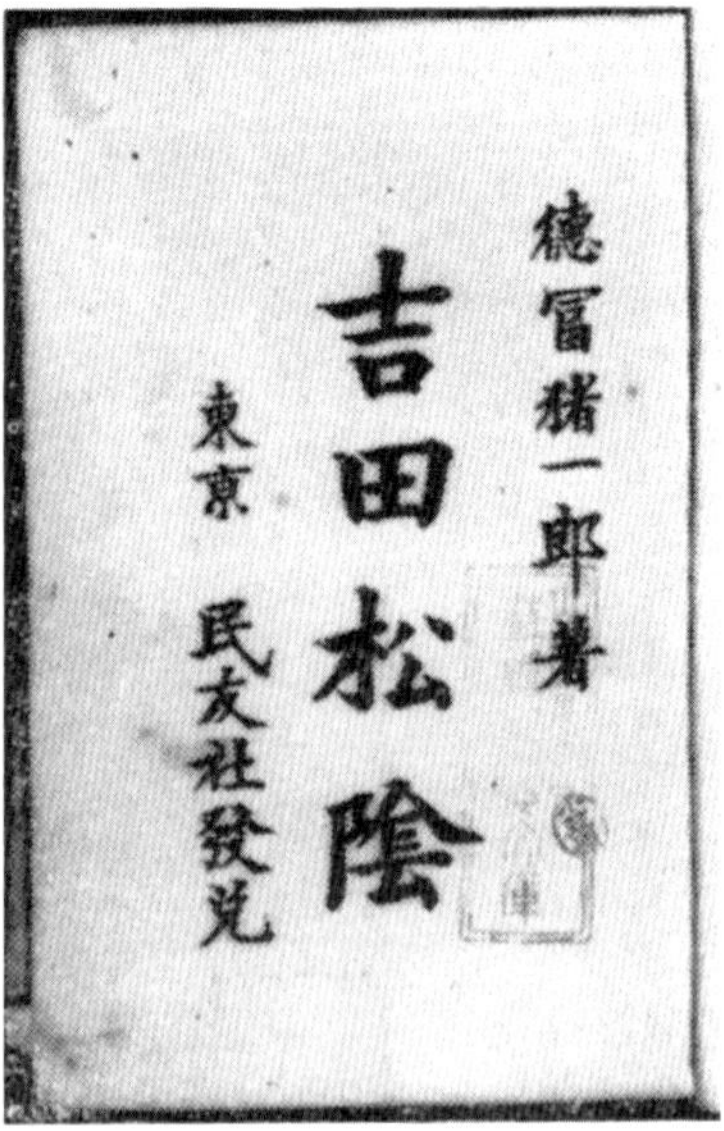

徳富蘇峰著『吉田松陰』（博士愛読の書）
（明治26年刊）

は、博士が「楓月」という文学的趣味の雅号を用いたと同時に「梅陰(ばいいん)」という雅号をも使っていたが、それは博士の私淑(ししゅく)していた吉田松陰の「陰」と、博士の家の庭にあった白梅を思い合わせた雅号である。当時の社会的背景を博士は次ぎのごとく回顧している。

文科より法科に転科する

私の胸の底に沈潜してゐた経世家的とでも云つたやうな欲望は、松陰先生によつて絶えず刺戟されてゐたと思ふが、それは遂に、日本で政党内閣が初めて成立したことに関聯する諸般の新聞記事に刺戟されて、忽ち表面へ暴れ出た。尾崎行雄・大東義徹(だいとう)・松田正久などといふ、言はばシルクハットを持ち合はしてゐない位に思はれていた政党者流が、無位の野人から一躍して台閣に列したといふ報道は、少年の心に功名手に唾(つば)して成すべしといふ昂奮を与へた。文学は未だ以て男子の一生を托するに足れりとしない。俺は法科へ転じよう。かう私が決心したのは卒業試験が早や目睫(もくしょう)の間に迫つてゐた時のこ

とである。(『自叙伝』一、九一ページ)

転科につき登張竹風に説諭される

文学は未だ以て男子の一生を托するに足らぬという気負った心構えは、防長教育会の立身出世的教育方針や吉田松陰の志士的影響による経世的な、実践的な一面が、政党内閣の成立とか、野人にして無位の政党者流の出世という時局の報道に刺戟されて、こころを揺りうごかしたのである。文科より法科に転科することについて学校当局は容易に許そうとはしなかったし、教頭室に呼び出され説諭を受けたり、ドイツ語の教師だった後に文壇に著名になった竹風登張(ちくふうとばり)信一郎の私宅に呼ばれ、お前の素質は詩人だ、法律などやる柄ではないと懇々と説諭されたりした。「しかし、一旦かうと方針を決めたら最後、誰が何と言はうと容易に所志を曲げないのが、私の流儀である」と告白しているように頑張りつづけたので、当局も折れて、法学通論の試験さえ通れば法科志望生として卒業さしてやるということになった。博士は、クラスの首席を占めている岡村正市を説得して道伴れとし、学校の図書館に備付けのたった一冊の法学通論の本を借り出して、それを半分にちぎり二人で勉強し、無事に試験をパスした（図書館へは試験が済んでからそれを製本して返したという）。明治三十一年（一八九八）数え年二十歳にして、東京帝国大学法科大学の政治科へ入学し、首都東京で大学生活をはじめることになった。

作田荘一氏の『時代の人河上肇』によると、「私が河上さんと机を同うして勉強してゐた頃、その机の上や本棚には文学書が満載されてをり、或る日氏が尾崎紅葉の小説『不言不語』を買つて帰つた時、その値段が一円だと聞いて私は驚いた。自叙伝にもあるやうに、その頃学校の附近に餅屋があつて、我々はそこで二銭出して大福餅四つを頬張ることを楽みにしてゐた。その餅屋通ひ五十回分を投じて一冊の小説を買つたことが私を驚かした。それほど文学好きな河上さんが卒業間際に文科から法科に転じたことは、自叙伝によれば当時尾崎行雄・大東義徹・松田正久など政党の豪の者が一躍して台閣に列したことに刺戟

されたからだ。」とある。(同一六ページ)

後年博士は当時のことを回顧していう。「回顧すれば今より八年の昔、きゆう(笈)を負ふて山口高等学校に在り。而して将に業を卒へんとする前、偶々(たまたま)政党内閣成立し、犬養・尾崎の徒、昨日は一布衣(ほい)の身を以て、今は九重(ここのえ)の雲の上に政権を握らんとするを聞き、勃々たる功名禁ずる能はず、従来身を文科に置きてひそかに将来の大詩人を気取りし余は、卒業試験が僅かに十数日(?)に迫れる時、俄に転学を思ひ立ち、幾多の故障と難関とを排して、遂に法科に転学して卒業したり。当時、登張竹風氏未だ名大に聞ゆるなく、亀山々下に一個の語学教師たりき、而して余が転学の事を聞いて懇々その不可を諭されたるは、今猶余の記憶する所なり。」(『社会主義評論』擱筆の辞)

第二　東京帝国大学学生時代

一　上京と大学生活

笈を負って東京へ

伯父の家に

「明治三十一年九月、十九歳未満の時、私は東京帝国大学法科大学に進み、初めて日本国の首都東京に遊学した」（『自叙伝』五）のである。東京では伯父――母田鶴（たず）の兄にあたる人で当時日本銀行の理事をしていた河上謹一宅に厄介（やっかい）になることになった。河上謹一は日本最初の法学士で後に住友合資理事となった相当著名な人であり、日本興業銀行総裁になった河上弘一はこの伯父の長男である。また博士は後年にこの弘一をいろいろと面倒みてやっている。この伯父は博士が大学を卒業するまで、授業料から下宿料までを面倒みてやったといわれている。博士が高等

書生扱いをされて

学校時代に文科から法科に転科するにいたったのもこの伯父の影響もあったろうとのことである。当時この伯父は洋行中だった。伯母は博士を書生とか玄関番代りに追いつかい、風呂焚きや買物などもさせ、食事も台所の隅で冷飯を食べさせたそうである。伯父の親しかった杉浦重剛（じゅうごう）の来訪にさいし、その下駄を揃えたという話もそのころのことであった。幼少のころから祖母に甘やかされて育った博士にとっては不愉快であったことはいうまでもなく、半年ほどで辛抱しきれなくなり、もちまえの癇癪（かんしゃく）を起して伯父の家を出て、本郷の安下宿、「三畳の一室に過ぎずして、間代と食料と合して僅かに六円二十銭」というのに移った。

> 余は遠くきゆう（笈）を負ふて東京に来り、始めて赤門に出入するを得たり。而して当時余は一親戚の家に寓せり。其家頗る富む、而して余は貧し、故に食客となり且つ学資を仰ぎたり。しかるに親戚の余を遇する頗る酷、寧ろ下女の輩より甚し（当時余はしか感ぜりき）。故に居る事半箇年、遂に其耐ゆるべ

下宿生活・大学生活が始まる

からざるを感じ、俄に辞して本郷台町の一下宿に転ずるに至れり。(『社会主義評論』擱筆の辞)

しかし、この三畳に身を置いたとき、博士は「真に極楽に往生せしかとまで思ひたるほど身心の自由を感じたり」という有様であった。しかも博士の大学生活はこれから始まったといってよい。博士の思想的動揺も転回も、このころの東京における社会的な動揺のルツボの中に見出されるわけである。山口高等学校時代は、「ただ学校で常識的な儒教の講釈を聞いてゐただけで、別に人生問題に対する疑惑を起すやうなこともなく、頻りに文学を楽しんで――当時私は文学者になりたいつもりで文科に籍を置いてゐた――青春の夢の裡に五ケ年といふものを経過してしまった」(『自叙伝』五)のである。ところが高等学校を卒業する間際に、文科から法科に籍を移したことは前述のとおりであるが、さて東京へ出て見ると、それまで五ヵ年間の山口のような片田舎の小都会と違って、世の中はうごいていて演

演説会を聴き廻る

説会というものが盛んに行われていたため、この演説会に少なからぬ興味を覚え出した。そして下宿に移るころからようやく東京の空気になじむようになり、新聞紙の「今日の演説」などという予告欄を見てはその会場と時間を確めては聴きに出掛けていった。当時直接に演説を聞いた人々としては、木下尚江・内村鑑三・島田三郎・田口卯吉・田中正造・安部磯雄・西川光次郎・石川安次郎・河上清・幸徳伝次郎など、社会問題にたいする第一線に立っている名士であった。

当時の社会的背景

明治三十年前後は、明治二十七・八年の日清戦争の勝利のあとを受けて、二十九年から政府は軍備拡張のための戦後経営を開始し、わが国の産業界は軽工業を中心に産業革命が急速に進展しつつあった。

労働運動や社会問題が起っていた

日清戦争の前年にわが国最初の同盟罷業が大阪の天満紡績会社に起っているが、二十九年には東京船大工組合が組織されたり、三十年には片山潜の『労働世界』が発刊されたり、「職工義友会」が組織され、ついで神田青年会館で日本最初の労働問題演説会が開かれ、

「労働組合期成会」の必要が述べられ即座に四十七名の賛成者が出たり、それが結成されるとともに、高野房太郎・片山潜・沢田半之助・鈴木純一・佐久間貞一などのほか、島田三郎・安部磯雄・村井知至・日野資秀などの名士が評議員になり、工場法制定の運動や同盟罷工の援助などをした。当時鉄工組合など千二百名ほどの加盟者を得ている。佐久間・片山その他「東洋社会党」を結成した有名な樽井藤吉や、中村太八郎・西村玄道・稲垣示・三宅雪嶺・福本日南・酒井雄三郎・陸羯南等諸名士の「社会問題研究会」も創立された。明治三十年だけでもストライキは全国を通じて三十二件も起り、労働問題・社会問題は、当面の主要問題の一つとして新聞・雑誌において論議されていた。明治三十一年二月には日本鉄道会社（後の国鉄東北本線）の機関手が「我党待遇期成同盟会」を組織して四百名の会員がストライキを起し、福島を中心に東北・関東にわたる列車を途絶させるという労働争議が起った。このストライキの成功で「日本鉄道矯正

社会民主党の結党と即日解散

会」が組織され、一千名の会員を擁するに至った。十月には、河上清・岸本能武太（のぶた）・片山潜・村井知至・安部磯雄・杉村広太郎などの「社会主義研究会」が組織され、明治三十四年五月には「社会主義を応用する」ことを目的として安部磯雄・幸徳伝次郎・片山潜・木下尚江・河上清・西川光次郎らの「社会民主党」が組織された。これは時の伊藤博文内閣（内務大臣末松謙澄、警視総監安楽（あんらく）兼道）のために即日禁止され、宣言掲載の雑誌『労働世界』『新万朝報』『毎日新聞』『新総房』『東海新聞』等が発売禁止を受け、責任者は罰金刑に処せられるという衝撃的な事件も起った。また社会改良を目的として「万朝報社」の黒岩涙香（るいこう）・内村鑑三・幸徳伝次郎・堺利彦・河上清・斯波貞吉・内城寺清らは「理想団」を組織した。まさに資本主義と産業革命の進展は、その内面的な矛盾を呈示しはじめた。一面において軍備拡張と国家主義・日本主義・帝国主義が強調されるとともに、他面において個人主義・民主主義・社会主義が登場した。

とくにここで注目すべきことは、明治二十九年ごろから萌芽を見た日本の「社会政策学会」の誕生である。それは明治の中頃にドイツへ留学したわが国の新鋭な学徒が、資本主義ドイツ帝国の学界の中心的勢力であったシュモラー・ワグナーなどの新歴史学派（ドイツ社会政策学会）の思想的影響の下に研学して帰国した諸学者が、折しも直面したわが国の社会問題と対決せねばならなくなり、この社会的情勢に鑑みて、労使関係の矛盾・対立を調和し、富国強兵・殖産興業の標語に則（のっと）って新興日本の発展のためにと、この学会を創立したものである。この「社会政策学会」の諸学者が後年、河上博士の『社会主義評論』において批判の対象となったのである。

この学会の「趣意書」は自由主義と社会主義に反対し、私有的経済組織を維持し、国家の権力と個人の活動とによって階級の軋轢（あつれき）を防ぎ、社会の調和を期すという労使協調主義・社会改良主義である（詳細は拙著『日本経済学史』参照）。この学会にたいする河上博士の批判は極めて痛烈なものであった。

地方出身の学生として博士は、当時の社会状態の動揺と活潑な動きの結晶した東京生活に投げこまれたわけであるから、強烈な刺戟を受けない筈はない。博士は社会問題の演説を聴きまわり、「この演説会に少なからぬ興味を覚え出した」。そしてこれら第一線に活動している学者・思想家の熱弁にうごかされていた。「デモクラシー・社会主義・キリスト教、そうしたものに関する私の関心は、全くそこから生れた」と回顧しており、「それは私の思想上に教室での大学教授の講義よりも遙かに強い影響を及ぼした」といっているほどである。

二　「聖書」と山上の垂訓

これら社会問題の演説会において博士が「最も心を惹かれた」のは木下尚江と

木下尚江と内村鑑三

内村鑑三とであった。「内村鑑三氏を訪れたことは一度もなかつた。何だか寄りつきにくいやうに感じてゐた」が、木下尚江にたいしては、何回か訪問し、『自叙伝』でも「木下尚江氏などと書くのは自分の気分に則はず、木下翁とか木下先生と書きたい気持を有っている」と述べているほどである。しかし『聖書之研究』を購読しており、「バイブルを手にするようになつたのは、全く内村先生の感化によるのである」と述懐しているのである。

木下尚江の自画像（住谷天来宛）

天来兄　窓外春色
三月七日　　　病野老

大学時代の精神的転回は「聖書」による

大学時代の博士の精神的転回は

キリスト教の「聖書」にあったといえよう。

「幼い時から宗教といふものに何の縁もなかつた私は、かくて初めて基督教を通じてその門に近づくに至つたのである」と言い、「私はバイブルを読んで非常に強い刺戟を受けた。それは論語や孟子などを読んで得たのとは全く品質の違つたもので、これまで如何なる書物からも私の嘗て得なかつたところのものである」（『自叙伝』五）とさえ言っているのである。とりわけひどく博士の心を突き動かし、後々までも、「強い力をもつて」博士の「魂に迫つた」ものは「マタイ伝」第五章の有名な「山上の垂訓」の一節であった。

『聖書』―山上の垂訓に感激す

人もし汝の右の頬をうたば左をも向けよ。なんぢを訟へて下衣を取らんとする者には、上衣をも取らせよ。人もし汝に一里ゆくことを強ひなば、共に二里ゆけ。なんぢに請う者にあたへ、借らんとする者を拒むな。

郷里の岩国学校などで、旧長州藩の志士的ナショナリズムの伝統的な教育を受け、また儒教的倫理の講釈などを聴き、同時に文学青年としての趣味に生きてきた博士にとって、バイブルの宗教的な言葉は精神的な大きい衝撃であり、新しい世界に眼が開かれた。

人生問題に悩む

私には之が絶対的非利己主義の至上命令と感じられた。私の良心はそれに向つて無条件的に頭を下げた。今考へ見ると不思議のやうだが、何故といふやうな理由の反省は少しもなしに、私はただ心の中で「さうだ〳〵」と叫んだ。さうした絶対的な非利己的態度こそが、洵に人間の行動の理想でなければならぬと思はれた。そして自分の心の奥には文字通りその理想に従つて自分の行動を律してゆくやうにといふ、強い要求のあることが感じられた。だが、それと同時に、私の心の中ではまた、「そんな態度ではお前はとてもこの世に生きて行くことが出来ない。お前はすぐにも身を亡ぼすであらう」といふ危惧の念が動いた。かくして私の心には、初めて人生に対する疑惑が、――

私は自分の生活をどう律して行けばよいのかといふ疑惑が——植ゑつけられた。私の心の煩悶はそこから始まる。それは私のこころの歴史の始まりだと云つてもよい。(『自叙伝』五)

博士の「こころの歴史の始まり」は大学時代におけるキリスト教の『聖書』の一節であった。博士の精神的転回——世の評論家の博士観として共通していると思われる「求道(ぐどう)」の精神の発端はこうして跡づけられた。このごろの質的な展開は博士の実際生活に変化をもたらしたが、歴史上の優れた先人の言葉を真剣に受けとめる人間が、いかに思想に生き、真実に実践とともに苦しんで行くかということの典型を博士の生涯に見ることができる。理想的と信ずる言葉や訓言を「文字通りに実行しよう」とする強い倫理的な意識と同時に、「そのようにしたなら、此の世に生きて行くことが出来まい」という人生の現実的な矛盾と危惧とが、博士の苦悶を深めて行った。しかしすでに悩みの果実を食べてしまったのである。

理想と実践の板ばさみで苦しむ

足尾銅山の鉱毒問題

「義人」田中正造の熱弁を聴き感動す

人生にたいする理想と実践にたいする疑惑や苦悶が、ついに大学を卒業する最後の学級に進んだとき切実に現われた。それは当時社会を震駭させた「足尾銅山鉱毒事件」に関する田中正造の演説や明治天皇への「直訴」事件である。足尾銅山は明治の政商古河市兵衛の経営で、その銅山から流し出される鉱毒のため、渡良瀬川沿岸の農民は、田畑の作物が枯れたり、川魚は絶滅したりして、谷中村を中心にほとんど飢餓状態に陥ってしまった。しかし発展の過程を辿りはじめた日本の産業資本主義一般の、あくことなき利潤追及の欲望は、農民の悲惨な状態などには不感症であった。銅山経営主古河の冷血な非人情的態度にたいする社会の先覚者の攻撃も何の反響がなかった。政府も古河市兵衛の吸血鬼的利殖にたいして手の下しようもなかった。栃木県選出の老代議士「義人」田中正造は農民の窮状を国会に訴え、さらに血を吐く思いの熱弁をもって、社会にたいして獅々吼した。大学生河上はこの義人の熱弁をいくたびか聴きに出かけ、その姿の中に「絶対的非利己的な人間」を如実に見出し、深い感動に心を揺りうごかされていた。博士は明治三十四年十一月二十日の晩の演説会を聴きに出かけたが、それを次ぎのように回顧している。

「婦人鉱毒救済会」の演説会

　本郷の中央公会堂で開かれた「婦人鉱毒救済会」の演説会を聴きに出かけた。足尾鉱毒地の罹災民救済のため、義金ならびに衣類の寄附を求めるために催された演説会で、それは非常な盛会であった。演説会の途中で小さな竹籠が廻はされて義金が集められた。そして救済会では罹災民へ衣類を送つてやることになつて居るから、シャツの破れたのでも足袋の古いのでもよいから、不用なものは会の事務所まで送り届けてくれろ、とのことであつた。私は代る〴〵演壇に立つた何人かの弁士の演説から、沢山の罹災民がこの厳冬を凌ぐべき衣類とてもなしに鉱毒地を彷徨してゐるかの強い印象を受けた。と同時に、私の耳は「なんじ請ふ者にあたへ、借らんとする者を拒むな」といふ、はっきりした声を聞いた。私は躊躇するところなく、差し当り必要なもの以外は一切残らず寄附しようと決心した。私は会場を出る時、着てゐた二重外套と羽織と襟巻を脱いで係りの婦人に渡し、下宿に帰つてからは、身に纏つてゐる以外の衣類は残らず行李に収め、翌朝人力車夫に頼んで之を救済会の事務所まで送り届けた。(『自叙伝』五)

明治34年10月撮影の内村鑑三
(札幌にて)

博士はこのときのことを述懐して「気違いじみた沙汰ではあつたが」……といっているが、先人の言葉や訓言を真正直に受けとっている純真・真剣な人生的態度の青年博士の、このときの倫理的心情と行動とはさ

バイブルの言葉を文字通りに実行しようとした

こそと推察できる。博士は当時善いことをしたつもりで、得意になってそのことを早速郷里の父母に知らせたところ、母に大変怒られたという。博士が寄附したものは、何一つとして博士自身の力で得たものではなく、みな母の辛苦・丹精に成れるものなのに、それを惜し気もなくみんな寄附してしまったことは母が怒るのももっともであろう。いかに窮民に同情したからといって、こうした行動は常識からしても異常とすべきで、当時救済会の人もこの大学生のやり方をみて「精神病者」ではないかしらと疑ったとのことを、当夜講演をした木下尚江も回顧しているのである（『自叙伝』五）。しかし博士にしてみれば、バイブルの言葉通りを可能なかぎり実行に移したので、それが現実のなまなましい事実と矛盾するとすれば、心中に煩悶と懊悩とがうずまくのは当然であろう。「もしもこの（バイブルの）言葉通りに身を処して行つたならば、私は父母に事ふることすら出来ない」（『自叙伝』五）ということになる。しかしこの人生の真剣な生き方にたいする疑問は、まことに

木下尚江の回顧

博士の「こころの歴史の始まり」であったというべきである。

木下尚江が書いたものにつぎのような一節がある。「私の眼中には二個の敵国がありました。「軍隊」と「帝国大学」とです。穂積八束（やつか）氏が帝国大学に君臨して「神権論」（天皇神権論）を高調して居るのです。私は「普通選挙」が一枚看板で、口を開けばデモクラシーを叫んだものです。新聞記者が私の職業でしたが、文章は私の不得手な事で、私は筆という迂（う）遠な途よりも、口で怒鳴る方が直接で且つ便利な道だと思つて居りました。」「其頃は世間に演説の衰へて居た時代で、演説会場と云へば、神田の青年会館か本郷の中央会堂を借りる外に建物もなかつたのです。私は中央会堂で能く怒鳴りました。それは帝国大学といふ敵の本城を前にしての挑戦でありました。」「然し面白い事には、此時、吉野作造君や河上肇君が赤門を出て来る準備中だつたのです。……」（『自叙伝』五）と。その時、明治三十一年から河上博士はその帝国大学政治科に在籍して、「憲法の時間には

木下尚江の演説を聴く

当時の演説会の模様におどろく

穂積八束の天皇神権論を聴講してゐた」のであり、「学校の暇にはよく市中の演説会を傍聴しに出掛けて居た。そして初めて木下尚江の風姿(ふうし)に接することができたのは、神田の青年会館に於てであつた。」(『自叙伝』五)その後もたびたび彼の演説を聴いたが、当時演壇の上で見た木下尚江は痩せていて、一度も洋服姿を見たことがない。いつも粗末な着物に袴をつけていたという。

わたくしはいく度か河上博士の講義を聴聞し、講演も聴いたが博士も一度も教室で洋服姿を見たことがなく、教壇の上で見た河上博士は、鶴のように痩せていて、いつも質素な着物に袴をつけており、後年東京の青山会館における「マルクス主義講座」の講演壇上における博士の姿は、真に往年の木下尚江の写真姿を彷彿(ほうふつ)させるものがあるのも不思議である。

木下尚江は当時から雄弁家との定評があったが、博士も、今まで嘗て聞いたこともないような熱烈な調子の彼の演説を聞いたのであった。ことに印象深く聞いたのは、天皇神権論に対する攻撃の露骨さであった。藩閥の根源地である山口の片田舎でなど私語にすら聞いたことのない露骨な演説であったのには、博士も驚

デモクラシーの思想が芽生える

いてしまった。ことに沢山集まってい る聴衆が、これに共鳴して盛んな拍手を送っているのを見てまったく驚いたのであった。山口などであったなら、弁士は袋叩き(ふくろだた)きにされるだろうと思われたという。しかし「おかげで私の眼界は開けた。恐らくこの時から私の心にデモクラシーの思想が芽生えそめたであらう」。「婦人鉱毒救済会演説会」を聴きに行ったのは卒業の近づくころであった。木下尚江や田中正造や田村直臣や島田三郎などの雄弁家・熱弁家が

「マルクス主義講座学術講演会」における河上肇
(昭和2年11月28日，東京，青山会館)(195ページ参照)

つぎつぎに演壇に立った。とくに田村直臣牧師の熱弁に感動して、「会場を出る時、着てゐた二重外套と羽織と襟巻を係りの婦人(潮田千勢女史)に差出し、翌朝は朝起ると、身につけている以外の衣類を殆んど残らず一とまとめにして行李(こうり)に納め、人力車夫に頼んで救済会の事務所に送り届けた」(『自叙伝』五)。これが当時、明治三十四年十一月二十三日の『毎日新聞』に「特志の大学生」という見出しの記事が出たので、大学生時代の博士の有名な語り伝えとなっているのである。

木下尚江と河上博士

木下尚江は河上博士についてその夜のこととその翌日のことを回想して詳しく書いており、それが博士の『自叙伝』に採録されているからここには省略するが、木下は、足尾鉱毒問題で大学生の博士を知り、この問題についての田中正造の明治天皇への身を捨てた「直訴」の問題の背後にあった河上大学生の行為をもって、「かうした光明があつたのです」と書いている。これにたいして後年に博士は、

鉱毒事件の陰の「光明」

当時「気違ひじみた私の行動を木下翁は『光明』と云つて下さつてゐる。有難い

ことだ。」（『自叙伝』五）と感謝しているのである。博士は大学を卒業してから新聞記者になるつもりで、就職斡旋を頼みに、いきなり木下尚江を訪ねた。その後も数回木下を訪ねている。

木下尚江が、昭和十一年七月に森戸辰男氏に当てて書いた長文の手紙の中で、河上博士の思い出として次のように書いている。…………「或日河上君が突然、神田猿楽町の私の陋宅を訪ねてくれました。河上君は、自分は新聞記者で活動したいから、毎日新聞へ入れてくれないか、と言ふのです。私は河上君が持参の雑誌を開いて其の文章を見ました。理路と情熱を融合した実に名文だ、かういふ人を得たいと願つてゐるのだが、如何せん社の財政が許さない。其のことを明らさまに申しますと、河上君は顔を振つて、『銭のことは心配しないで下さい、筆を揮はせて貰へばよいのです。』といふ。私は島田さんにも話し、何とか入社して貰ひたいと思ひました。此の事で二・三度河上君は来て下さつたと記憶しますが、河上君の方にも大阪の伯父さんの異議があつたとかで、新聞記者志願は止して、やがて農科大学の先生になられました。」

さらに木下尚江は、この手紙のなかで博士について昭和八年二月ごろの出来事の思い出をつづけて書いている。「私はそれつきり河上君には遇ひませんが、何彼につけて河上君を思ひます、あれは何時でしたか、私が山の手線の電車で帰つて来たとき、隣りの人の拡げてゐる夕刊新聞を見ますと、其処に大きな写真が出てゐて、兵子帯をだらりと結び下げた背の高い痩せほほけた男の見すぼらしい後姿――私は三十年代の自分の写真では無いかと不図胸をどらせました。それが河上君だ。警視庁から何処かへ送られる写真だ。――私は何故とも知らず熱涙を雨の如く落しました。吉野君とは最後まで交際しましたが、河上君とは今一度胸襟を開いて語つて見たいと願つて居ます。」と。

河上博士は、右の木下尚江の手紙が森戸辰男氏に書かれてから約一ヵ年過ぎて、昭和十二年六月十五日に出獄したのであるが、この手紙の写しを東洋経済新報社に勤めている娘婿鈴木氏から見せられ、四十年を距てて木下尚江に一度会って見たいと思いつつ、ついにその機会がなかったという。博士はそれを残念に思って、「出獄後私は、間もなく、友人畑田君に誘はれ、生れて初めて温泉といふものにつかる目的で、夏の谷川温泉に出掛けた。そしてそこから帰宅すると、謹慎して居なければならぬ私は、家を出るのすら控目(ひかえめ)がちに暮して居たので、急いで翁の住所を知ろうともせずに過ごしてゐるうち、その年の秋のくれ（十一月五日）翁は思ひ掛けなく永久に此の世を棄ててしまはれた。私は新聞記事を見て驚きもし、ひどく残念がりもしたが、もはやどうすることも出来ない。私はここに此の思ひ出を書きながら、切に自分の怠慢を後悔し、翁に対して済まないことをしたと思ふ。」（『自叙伝』五）と切々(せつせつ)たる述懐をしているのである。木下尚江の手紙にも、この述懐のうちにも、大学時代からの博士の生涯変らざる本質的のものを偲ばせる人物と生活と思想とが窺われると思う。

東京法科大学卒業

こうして明治三十五年七月に東京帝国大学を卒業したが、そのころの卒業式風景が次ぎのように描写されている。

……思ひ出すのは、大学の卒業式当日のことである。それは明治天皇臨御のもとに行はれたのだから、式場では、ただ卒業生総代と銀時計拝領者の氏名が呼び上げられただけで、式は殆ど無言の行に等しく、静粛極まるものであつたが、式後、茶菓の饗応された室の雑踏は、これに反して恐ろしく騒々しいものであつた。人々はハンケチや風呂敷を拡げて、(驚いたことには、用心深くも計画的に、かうした用途のため予め風呂敷を用意して来た人もあつた)盛つてある大切のカステラをいくつともなく鷲づかみしながら、相争つて逸早く、大きな幾つもの皿をみな空つぽにしてゐた。暑い夏の盛りに冬の制服を着てゐなければならなかつたので、せめて備付けのシトロンだけでも有り附きたいと思つたが、私が席を占めえた頃には、それすら一滴も残されて居なかつた。仕方がないから、スローモーションでは私と全く同じ型に属してゐた友人の吉川泰嶽居士(こじ)を誘つて、私は下宿に帰り、自腹を切つて菓子を食ひシトロンを飲んで、自ら卒業を祝つた。(『自叙伝』一一七五ページ)

純真で人生問題に悩みはじめた頃の博士は、級友連の下司(げす)な態度にさぞ憤慨もし、愛想もつかし、軽蔑もしたであろうことが想像できるようであるが、博士の大学生活の結末はこのような、あと味の悪い苦々(にがにが)しい追憶になるようなことで終つた。

第三　大学を卒業して

一　経済学研究に志す

私は明治三十一年（一八九八）の秋から明治三十五年（一九〇二）の夏まで東京帝国大学の学生であつたが、この期間に私は始めてバイブルを繙き、そこに説かれてある絶対的な無我主義とでも云ふべきものに、ひどく心を打たれた。それ以来、利己主義と利他主義との問題が、いつも私の心を占領してゐた。大学を卒業して三年目の明治三十八年（一九〇五）の十二月に、私が一切の職を抛つて、当時「無我愛」を唱道されてゐた伊藤証信氏の無我苑に飛び込んだのも、かかる年来の問題を根本的に解決せんが為めであつたので、決して一時の思ひ

附きに出たものではない。（『自叙伝』五）

と述べているが、問題になった「無我苑」入りまでの博士は大学を卒業してからどんなことをしていたのであろうか。

卒業と結婚

大学卒業、就職問題に悩む

明治三十五年七月、博士満二十二歳九ヵ月のとき東京帝国大学法科を卒業し、同年十一月十五日郷里山口県岩国で大塚秀を妻として迎えた。はじめ新聞記者になろうとして、在学中から当時一流の論壇人として知られていた黒岩涙香・徳富蘇峯・木下尚江・島田三郎などを訪問して就職を依頼していた。木下尚江なども博士の文才を認めて毎日新聞社に斡旋したが、しかしそうした方面は博士の伯父も賛成せず、思うにまかせず、また大学の方から、穂積陳重に推薦して貰った三井銀行の入社にも失敗した。そのため意気銷沈していたが、農科大学の矢作栄蔵が留学するというのでその後任として、指導教授松崎蔵之助に頼み込み、その斡旋によって講師になることができた。当時、農科大学の教授横井時敬は「虚遊軒文庫」を編集しており、その第二集として明治三十八年に河上博士の『日本尊農論』を公刊し讃辞を呈しているが、横井氏の推挽（すいばん）するところが大であったらしい。

就職問題について博士は回顧して曰く、

……特に大学を卒業せんとするや、卒業の愉快は求職の心配の為めに消されて猶ほ余りありき。故に余は突然書を黒岩涙香氏に充てて卒業後入社の栄を得んことを求めたりき。しかるに氏は返書さへも与へざりき。当時余は氏を以て横着者となして恨めりき。後又徳富蘇峰氏を国民新聞社に訪ひて職を求めたるに体（てい）よく断はられたり。よりて又木下尚江氏を猿楽町の氏の寓居（頗る狭かりしは余の最も感動したる処なりき）を訪ね、毎日新聞社に入らんことを求め、略（ほぼ）氏の同意を得たるも、主筆島田氏の為めに体よく断はられたり（氏の邸宅が慈善に同情する氏にとりて、立派なるに驚きたりき）。後正に卒業せんとする時、余は幸にして穂積陳重（のぶしげ）氏の推挙によりて三井銀行に入るを得たり、否な入るを得たりと思ひ居りしに、失敗に終れりとの事を卒業後謝恩会の席上に聞き、多くの不平と怨恨を抱きしも、後幾許（いくばく）もなくして、法学士矢作（やはぎ）栄蔵氏海外留学の為め、農科大学其後任を求

黒岩涙香
徳富蘇峰
木下尚江
島田三郎
穂積陳重

むと聞き、乃ち松崎蔵之助博士を牛込の寓居に訪ひ、次で氏の推挙を願ひ出でたり。後日余が今日あるに至りしは主として同博士の賜(たまもの)によるものにして、実に其の由来を此時に発せり。(『社会主義評論』擱筆の辞)

松崎蔵之助

東京農科大学講師となる

こうして明治三十六年一月(或いは二月)二十四日に東京帝大農科大学実科の講師になったが、そのころ松崎蔵之助に就職について世話になったころのことについて博士は興味ある述懐をしている。小石川の松崎の邸宅が、大学教授に不似合なほど宏壮であったこと、書庫の整理を手伝ったとき、昼の食事は一皿のにぎりずしを給されたこと、朝から書物をいじっていたため、手がごみ臭くなっていたのにその手を洗うこともできなかったこと、度々教授に呼び出されて代筆をさせられたり、講演の速記をさせられたり、題目だけ授けられて、全部論文の代作をしてやったことがあること、それが一字の訂正もなしに、松崎名で印刷に附せられたこと、そのころ結婚したばかりで博士の秀夫人は風呂銭にも困っているよう

松崎博士のもとで雑務に従いつつ勉学

なこともあった時代であったが、松崎教授から三文でも原稿料のおこぼれを頂戴したことがなかったというようなことである。教授から学問的の指導を受けたことはないが、その代り就職の世話はよくしてくれたので、農科大学実科講師・専修学校講師・台湾協会学校講師・学習院講師などをすることができたし、東京帝大法科大学の機関雑誌『国家学会雑誌』の編集委員などという仕事も斡旋してくれたというわけで、博士もどうやら相当の収入を得ることもでき、生活には別に不足なしに暮すことができた。当時それらの学校で講義した科目は、経済原論だの、農政学だの、工業経済学だの、交通論だのという、みなまちまちの科目なので、博士はその準備のために随分勉強しなければ間にあわなかった。『自叙伝』で、「私は講義のため年中あくせくして居り、自分の志す研究のためには何程も時間を残すことが出来なかつた。そこへ時々先生から臨時の用事を命ぜられて居たので、実際それは私にとつて有難いとは思へなかつたのである。諸学校の授業が休みになる盛夏の頃を待ち兼ねて、毎日弁当持参で上野の図書館へ通ってゐた頃の、途中のつらかつたことを今でもまざまざと思ひ出す。」と書いている。さぞかしと思われるのであるが、寸暇を惜んで努力した当時の結果が、初期の博士の著書である。

卒業後の猛烈な勉強

九月には長男政男が生れた。その後に伯父河上謹一の長男弘一と、いま一人の伯父の長女とを預かるようになってからは、家庭の空気がとかく博士の勉強に適しなくなった。そのころ、「昼間は同居してゐる従弟や従妹がどうかすると友達を招いて来て、大きな声で騒ぐので、私は机に向ひてゐても、とかく精神の集中を妨げられた。で私は夜間を主な勉強時間に充て、大概毎夜五更に至る頃まで書を読んだ。」当時長屋風の貸家に住んでいたが、壁一重を隔てた隣に勤め人がいて出勤時間が早いためその細君が暗いうちに起きて朝食の味噌をすり始めるのが常であった。博士は朝方まで勉強して、「その隣の家の摺粉木（すりこぎ）の音が壁を通して

家族を郷里に帰して独居研究に没頭

学者としての学問的野心に燃ゆ

聞えて来ると、それを合図のやうにして始めて寝床にはいることを例としてゐた。私はそんなにして勉強してゐた。……」（『自叙伝』五、一一九ページ）というから、当時博士がどんなに刻苦精励したかその勉強振りが想像できるわけである。しかしいくら努力してもその家の雰囲気が勉強に専念するに適さなかった。博士は暫く家族を解散して一心に研究に没頭したいと思い立ち、決心して妻子を郷里の父母の手許に預け、自分は食事附きの貸間を求め一人でそこに住み込むことにした。それが明治三十八年十月であった。博士は「これで専心研究に没頭し得る態勢を整へたつもりで、向ふ二－三年間は海外留学でもした心組で居らうと決心していた……」（『自叙伝』五）。妻子を郷里の両親の許に預けてまで専心勉強しようということは、通常の者のできることではないが、当時博士は、新進有能の学徒として学問的功名心に燃えていた。大学入学直前に文科から法科に転科したのは政界に雄飛しようという政治的野心があった。こんどは、「既に経済学者」を以て任ずる以上は、「経済学に於いて先人未発の一大真理を発明し、以て不朽の名を書冊に留めざる可からず」（『社会主義評論』）というまことにもの凄（すご）い学問的野心をもっていた。

当時評判になった連載の『社会主義評論』の単行本の「例言」にも、「出来ることなら文部省の留学生にもならう、大学教授にもならう、博士にもならう」と書いてあるように、学徒としての夢も濃厚であった。しかし「そのためには、社会主義に同情したり、政府の政策を非難したり、先輩の悪口を云つたりするのが不得策である位の事は、僕も知つて居たのです」といい、「それ故、仮りに千山万水楼主人といふ匿名（とくめい）を用ひ、東京に居て房州に居る振りをしたり、病気もしないのに不治の病があると云つて見たり、九州へ渡つた事さへないのに欧米を漫遊したと云つたりしたのです」と告白しているが、『社会主義評論』の冒頭の名文は、事を他に托して、自らの志を述べたところに、颯爽（さっそう）たる青年の意気と野心とが感じられるのである。そのころはじめて本格的に学問というものの研究に没頭しだしたのであった。

論文が福田徳三に認められる

博士が必死になって経済学の研究に立ち向ったことは事実である。明治三十八年の八月に『経済学原論』上巻を公けにするに当って、その自序に「武人剣を執つて世界を驚かす、学者豈に筆を以つて天下を服するに足らざらんや」と述べている。しかし同時に反省して、「それは固より予が任に非ず、予は只だ学界の一兵卒として其の職に忠ならんことを期するのみ」と謙遜しているが、本書を播いてみるに、刻苦精励の跡が歴然としているのである。はじめ博士は明治三十六年八月『国家学会雑誌』に「経済学上の根本問題に関し現代大家の学説を評して自家の所見を述ぶ」と題する一文を公けにしたところ、早速、福田徳三の眼にとまり、同誌次号で「経済と経済行為に関する誤謬」という一文で、博士が経済と経済行為とを混同していることの非を指摘した。その批評を受けて三十七年に一論文を起稿した。これが三十七年の年末に公けにされた千駄木叢書の第一篇『経済学上之根本観念』である。

二 『日本尊農論』

明治三十五年東京帝大を卒業し、翌三十六年、二十五歳のとき農科大学実科の講師となったが、講義する傍ら三十七年の正月冬期休業中にこの『日本尊農論』を執筆した。二十五歳から六歳にかけての学業である。それを教授横井時敬（ときよし）博士が編集していた「虚遊軒文庫」の第二集として三十八年に出版した。横井時敬は

『日本尊農論』への讃辞

『日本尊農論』について、次のような批評を加えている。

「近頃河上法学士、日本尊農論を著はし、農業の尊むべき所以（ゆえん）を論じ之が保全の必要を説く。之を理想に考へ、之を事実に証し、正確穏当、言々皆肯綮（こうけい）に中（あた）らざるはなし。其

『日本尊農論』の表紙

梓に上るに先だちて、学士より之を受けて覚えず数回に及び、沈着痛快の論、毎に節を打つを禁ずること能はざりし」と。こうした讃辞を浴びて世に出た光栄ある著述である。本書の序文をみると、この河上法学士は、根本的主張と確信として、「国家の興亡と健全なる国民経済の発達とは常に離るべからざる関係を有するものにして、而して健全なる国民経済の発達は農工商の三者をして能く其の鼎立の勢を保たしむるにあり」という。ところが当時、戦勝に酔うた日本上下の商工偏重政策は博士の考えによれば、「国の大本」を危くするものと見えたのである。このように、経済学研究に専心傾倒した第一歩においても、国家主義的な、経世家的な、実践家らしい風格が示されたのである。それ故にこそ、経済上における農業保全の利益を口を極めて主張し、農業を犠牲とする商業立国や工業立国の偏った主張にたいして反対し、商人を仲介とすれば、貨物の価格は騰貴する。よろしく消費者と生産者とを直結せしめよという。「農は本なり、商は末なり」

農工商三者の均衡的発展を望む

農業保全論と国家主義思想

佐藤信淵の経国済民思想の影響

「農は真個の生産業なり、商は実に不生産業なり」とし、一八世紀のフランス重農学派の理論を連想せしめている（七五―七ページ）。そして佐藤信淵の『農業本論』後篇を引用し、彼の「時流を抜く卓見」に「感服」しており、その後も『経済学研究』の中で、「幕末の社会主義者佐藤信淵」という論文を書いている。これをみると博士の思想系譜において、その初めから佐藤信淵を無視できないことがわかるのである。博士はかくて農業保全論を説き、「農業者徒らに商工の繁栄に眩惑して以てその貴重なる天職を抛棄し、その尊重すべき祖先の田野を去ること勿れ」（一一七ページ）と主張している。それは当時国民が日露戦争の勝利に酔い、資本主義的な発展の素晴らしさに眩惑され、産業界も工業立国論を唱え、口を開けば海外への発展を勧奨したことに対して、博士は感情的には農民愛、知性的には都市資本主義にたいする農業資本主義というトルストイの立った地主的イデオロギーに共通したものを考えていたのである。

強兵主義の国家主義

農業の保全と蛮力保存

博士の農業保全論・尊農論は、その根底においては一種の平和主義的思想を無視しているわけではないのであるが、本書で「農業は強兵の源泉であり、農業保全は戦争の要素なり」とか、「国民はその蛮力保存を忘るること勿れ」とまで述べているのは、日露戦争後、日本資本主義が帝国主義の段階へ突入しつつあった時、博士のごとき良識の日本人でさえ、その影響裡にあることを免れず、その思惟の中に混在せしめたことが指摘できるわけである。私人の上に国家があって国内に平和が求められるように、国家の上に強力な国家があって国民と国民との戦争は始めて跡を絶つであろうが、「然れども事茲に至らざらんか、世界の平和は得て望むべからず。既に平和は望むべからず。故に蛮力保存の必要あり、既に蛮力保存の必要あり、茲に於てか農業保全の必要亦あり」（一四九ページ）と論じている。軍事上の必要から農業保全の必要があるという主張である。ここに山口時代に培われてきた素朴な愛国心から「日本工業論」において志士的国家主義を主張したそ

愛国的・経世家的性格を見る

の経世家的性格は、農業保全とその振興の立場から、富国強兵論的の国家主義となって再び出現したと思われる。「国家の興亡」という経世家的思想に立ち、軍事上の必要と結ぶ「尊農論」を唱えたのである。さらに人口増殖の部面からも農業保全の必要があるという、すなわち一国の農業は一国の人口を維持するための大原動力であること、出産・死亡の統計を示して帰結し、農村が都会の商工業のために原料と労働力を供給していることをも統計によって明らかにし、田舎の地が人の長寿を保つに適している理由を、空気・水・日光の豊富・新鮮なること、さらに農民の気性、質朴・着実の性格を挙げ所論の理論づけをしているのである。

農業と農村の讃美

かくて本書の最後の篇で、古今東西の長い歴史の跡を辿り、さらに近世国家の衰退・興隆と農業保全の関係によって自説を有利に展開し、序文に書いているところの「偉大なる国民は一日にして成るものにあらず。もし夫れ我が国民にして異日六合を抱括するの大志あらば、徒に戦勝の虚栄に酔ふて妄りに外に張ることなく、先ず内に顧みて、徐ろに立国の大本を培養する所以を熟慮して可なり」を合理化している。「六合を抱括する」というような思惟は、もちろん民主主義的でもなければ社会主義的なものでもなく、神権思想や日本的ファッシズムの素地さえつくっているると思われるのであるが、資本主義のおくれて片わに発達した日本においては、そのようなイデオロギーが顕著にのこり、博士のような日本人の高度な知性人をも含め、知的労働に従事するあらゆる日本人に執拗に影響しておるもので、各個人がそのような社会的不幸の中から、自ら反省し、清算して行って、欧米に見られるような民主主義者あるいは社会主義者・共産主義者にまで脱化してゆくまでには、ほとんど日本的特徴ともいうべき非歴史的な思惟のあとがのこるのを多く見出すのである。若き日の岩国学校以来の教養を身につけた博士の『日本尊農論』の思想は、恐らく日本民族の宿命とも見られる共同の運命を博士個人についてさえ頒つものであることを民族的に自己批判しなければならぬこと

『日本尊農論』の意義

を示すものであろう。

三　バイブルとトルストイ

人生問題と学問研究への疑問

『自叙伝』によると、一人となって専心研究に没頭し得る態勢を整えたつもりになったのに、さて全力をあげて、いのちがけで学問というものに立ち向ってみると、「思ひがけないことには、学問は果してそれに値するやといふ大きな疑問が湧いて来た。そのため私は、折角一日二十四時間を自分一人で完全に独占し得られるやうな境遇を作り出しながら、それを十分に利用することが出来なくなつた。」「経済学の研究に熱中するなどといふことはとても出来ず、とかく宗教書を手にして考へ込んでゐる時間ばかり多くなつた」という。

「自分が身を立てようとして選んだ経済学の研究も、けつきよく一身の名利を追及するに過ぎないではないか。それは絶対的非利己主義の方向と正に相反するものように思はれてきた。かくてまた人生に対する疑問が猛然として頭を抬げて来た」（『自叙伝』五）。この疑問から、却って経済学の研究を抛擲すべきではないかという考えに捉えられてきた。たまたま九段坂下に近い専修学校へ出講する途次、神保町あたりの古本屋で見つけたトルストイの『我が宗教』を読むにいたって「遠いロシアの国にではあるが、今生きてゐる人間の中にバイブルの教を文字通り躬行しようとしてゐる思想家のあることを知り非常な感激を得た。」その感激が如何に強烈であったかは、その著書に書き残しておいたつぎの感激の文章で窺い知ることができる。それは明治三十八年十一月二十八日のことであり、「社会主義評論」を『読売』に連載中のころであった。

トルストイの『我が宗教』に感激する

> 明治三十八年十一月二十八日は余にとりて思ひ出多き日なり。この夕、余は専修学校に出講するの途次、例により古本店を覗きつつ漫歩し居たりしが、雑書の狼藉たる間に於て、余は計らずもトルストイ翁の『我が宗教』を発見

トルストイ伯著
加藤直士先生譯
我宗教
東京　文明堂藏版

らく先づ此書に就て其高懐を學ば
其惟春秋乎罪我者其惟春秋乎と伯
に斯く曰はむ曰く知我者其惟我宗
諸君若し本書を取て心解靈通讀ん
と汝に到らむ
譯成つて余に序文を徵せらる君は
の我懺悔を譯せしもの余は君の如
き篤學の士を友とするを名譽とし茲に本書の如き高貴なる書
を世に紹介するの榮譽に與かりしを謝する者也
明治三十六年一月二十五日
住谷天來

トルストイ『我宗教』表紙と住谷天来の序文
（明治36年1月刊）

するに至りたり。余が現代の一偉人たる杜翁の熱烈なる信仰の光に浴するを得たるは実に此の時に始まる。而して余が遂に当時の職を抛つの意を決するに至りしは、殆ど本書の賜なりといふべし。かくて十一月二十八日は、余が講壇に立ちし最後の記念日たるに至りし也。

そのころこのようにトルストイに傾倒した博士は、またある日、伊藤証信の『無我愛』と題するリーフレットを読んで、現代の日本にもトルストイと同じような方向に進みつつある生きた人間があるということを知り、「殆んど決定的と云つてもよいほどの影響を受けた。」ことに〝無我愛〟という名称そのものが博士の悩み考えていた絶対的非利己主義と同じ意義をもつものであるという先入見を抱かしめた。『自叙伝』の中で、伊藤証信の文章には、当時、人をひきつける潑溂たる情熱が漲っていたに相違ないと回想しているが、博士をして生命をかけて打ち込んだ経済学研究をも放擲して伊藤のもとへ馳せ参じたほどであるから、

『社会主義評論』のいきさつ

それだけの魅力があったと思われる。トルストイへの讃仰は間近の東京に現実に生きている伊藤への魅力にとって代わられた。伊藤の「無我愛」が博士の理想とする「絶対的非利己主義」と同意義のものであると一途に思い込んだところに博士の誤解があったとはいえ、「無我愛」こそ絶対的真理の問題を現実に解決してくれるものと信じて、そのころ執筆中の『社会主義評論』を中途で擱筆し、いっさいを捨てて入苑を実行したところに博士の人と為りの特質を認めねばならない。

『社会主義評論』の最初の四信は序言、第五信から近世社会主義の起因を論じ、マルクスの科学的社会主義にまで及んでいるのである。その間、当時日本の社会主義者として著名であった安部磯雄・幸徳秋水・木下尚江・片山潜はじめ、平民社一派の社会主義思想から、トルストイ・内村鑑三の精神主義や、矢野竜渓の「新社会」、桑田熊蔵・金井延・戸水寛人らの日本「社会政策学会」の思想などをひとわたり批判した。マルクス・エンゲルス・ラッサール・ベーベル・リーブクネヒトなど近世社会主義史上の巨星が引合いに出され、現時の社会主義が広汎にわたって批判され、その方策をもってしては、資本主義の弊を根本的に救済することは不可能であると論断したのである。

本論はその名の示すように社会主義を評論したもので、幸徳・堺ら平民社一派の唯物論に立つ社会主義と、安部・木下・片山らのキリスト教もしくはそれに類似の立場の社会主義批判に多くの部分を割いたものであるが、社会政策学会の諸学者の社会改良的・労資協調的立場をも激しく駁撃(ばくげき)しているのである。

「社会政策学会」への批判

社会政策学会にたいして千山万水楼主人はつぎのごとく辛辣(しんらつ)な批判をしたのである。

我国に於ては、平民社一派の人士に対抗して、社会政策学会なるものあり。これ博士桑田熊蔵(余をして彼は貴族院議員なることを特に註せしめよ)、博士金井延・博士戸水寛人其他赤門出身の法学士等が組織する所にして、平民社一派の民主社会主義に対して国家社会主義を奉ずと称せるものなり、而して斯(こ)の社会政策学会なるものが、民主社会主義を蛇蝎(だかつ)視せるは、略(ほ)ぼ現政府と相同じ、往年木下・安部・片山等社会主義を奉ぜる諸氏が一党を組織し、名けて民主社会党といひ、稍々天下の耳目を惹くや、社会政策学会は倉皇として一篇の趣意書を一部の社会に配布し、後又長文の弁明書を公けにしたり。要は只だ民主社会党と同一視せらるるの迷惑を避けんとするに外ならず（圏点は原文のまま）

この評言は、よくこの学会の社会的性質の主要点を突いたものであった。

当時の博士に映った社会主義社会の夢

そして第三十二信以後「理想としての社会主義」の価値如何の評定に行論を転じていう。「社会主義が果して実行され得べきや否や、殊に社会主義者の主張せる手段によりて実現さるべきや否や、先づ今日の人性を一変することなくして社会主義に到達し得べきか、将た人生は社会主義の到来を待て一変さるべき者たるや否や、これ問題なり、大問題なり。」と問題を提起している。いまわれわれから考えれば、社会主義社会そのものは、必ずしも楽園や天国を空想するのではなく、むしろ人類のよりよき社会への民衆の苦難多き勤労と努力の長期にわたるかもしれぬ建設の過程を意味するものであるが、当時の河上博士には社会主義社会

社会主義者への批判

が実に麗わしき夢として想定されていたのである。「若し社会主義が実現されたりとせば、其社会は実に整頓せる社会なり、合理の社会なり、美しき社会なり、麗はしき社会なり、うれしき社会なり、心地よき社会なり。余は之を余が脳裡に想像する毎に転々無上の歓喜悦楽に酔ふを禁ずる能はず」と。このような社会のためには、人々はあくまで「純無我純他愛」の人に変質しないかぎり、それは不可能であろう。かくて、以下数信において、このような新社会を描き出しているのである。「我利我執の今日の人類を駆つて社会主義を実行せしめんとするならば、余は断じて無益不能なるを公言して憚らず」(一〇五ページ)と述べ、社会主義者はすぐ現在の社会を理想的新社会に一変する魔法の杖でも持っているかのように誤認し、攻撃しているのであるが、これが当時の博士の抱いた社会主義観であった。

もちろん社会主義には多くの欠点がある。その真因は、一語要約すれば、「曰く、社会を組織せる各人の利己心」これである。基督教的社会主義者はこれに対

基督教的社会主義者への批判

平民社への批判

し、一方において今少し人心を他愛的にし、同時に社会組織を改良して、同時に利他心を助長し、かくて一歩一歩、物心両界の改善を待ち、社会主義の理想郷に達し、各個人は純利他・純無我の理想に達し得るなどというのでは、基督教はいったい、全智全能の神の愛によってだけでは人類の有する苦痛や煩悶を除去し得ないのか、と逆襲し批判している。また平民社一派の幸徳秋水・堺利彦らの社会主義の唯物論的な立場にたいして博士が本質的に容認しえないことはいうまでもない。また社会政策学会の曖昧な改良的立場よりしては人類の苦悩を社会から除去するに足らない。かく三つの立場を駁撃し、最後に「余因より下根、しかも何の幸ぞや、頃日始めて神の全愛を悟了し得たり。天空海濶、始めて絶対の自由を得て歓楽譬へんにものなし」と公言し、つよく無我の愛を主張し、けっきょく自らの社会主義論を積極的に述べずして、突如擱筆し、いっさいを棄てて伊藤証信の「無我苑」に這入ってしまった。この社会主義論は、青年河上博士の身をもって描いた一篇の懺悔録のようなものになったのである。

四　『社会主義評論』

卒業後の刻苦精励

農科大学実科の講師となったころの感想に曰く、「然れども苦悶は、後久しからずして起れり、何んとなれば、余は経済学者を以て任ずる以上は、経済学に於いて先人未発の一大真理を発明し、以て不朽の名を書冊に留めざる可からずと信じたりしも、しかも其事たる決して容易の業ならざるが故なり。然れども余は不朽の名を得んが為に、刻苦精励日夜を分たざりき。当時の余が苦心は蓋し怠惰なる当世学者輩が決して推察し能はざる処ならん。殊に本年に入りてより、余は特に刻苦精励したるを覚ゆ。」……『日本農政学』を脱稿した頃は「当時余は殆ど之が為めに飲食の楽をも解せず、徹夜往々にして午前三時・四時に及びたりき、亦た努めたりといふべし」と。将来わが国経済学史上最も優れたる学者の一人とし

『社会主義評論』を執筆す

ての博士の青年時代の刻苦精励の姿は、まさに惰夫をして起たしめるの概ある勉学振りである。

そのころの勉学の所産として、「書冊に留めたもの」には、『経済学上之根本観念』、セリーグマン原著『歴史の経済的説明―新史観』『経済学原論』(上巻)『日本尊農論』『日本農政学』等である。このうちとくに『経済学原論』を見ると、いかに新進学徒が「刻苦精励」して外国経済学の文献を渉猟したか、その痕跡が生々しく感じられるのである。そのころ、妻子を両親の許に預けてから一人になって食事附きのその貸家に転居したが、その前夜に遅くまでかかって書いたのが、かの『読売新聞』に寄稿した前に一言触れた『社会主義評論』の原稿第一信であった。千山万水楼主人という匿名になる名文であった。

この『社会主義評論』は明治三十八年十月初旬から『読売新聞』紙上に連載されたが、それが匿名であることと、文章が平易暢達でしかも当時の評壇学界の第

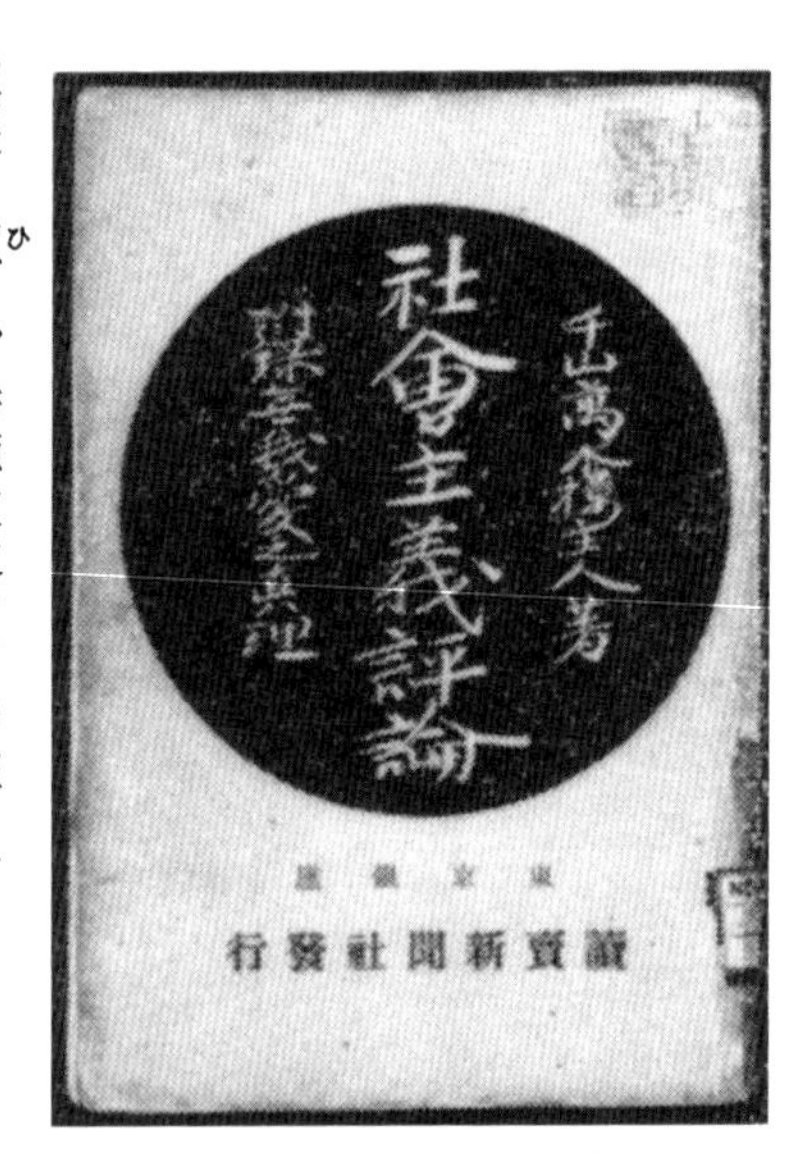

『社会主義評論』の表紙

一線に活躍している学者・評論家・社会主義者――とくに「平民社」の幸徳秋水・堺利彦の立場、東京帝国大学の教授を中心として創立された「社会政策学会」の諸学者を批判し駁撃し、揶揄している舞文の面白さのため、読者の興味を惹き、幸徳秋水などの注目するところとなり、堺利彦に向って、あれは誰れか優ぐれた学者の匿名かもしれない、などと評したほどであった(堺利彦談)。

この評論は十二月初旬にまでわたり三十六回も連載され、『読売』の発行部数が、ために急増したといわれるほどであったが、その『社会主義評論』は初めの

自ら執筆の仮面を脱ぐ法学士河上肇

気負った論調が次第に変り、論者の積極的見解も理論的に展開されぬまま、読者の期待に添うことなく突如として「擱筆の辞」によって結末となってしまった。そこでは論者の一身上の述懐や疑問や心境変化まで書き出し、最後にその仮面を脱ぎ捨てて、「千山万水楼主人」すなわち「法学士河上肇」という白面の一青年であることを宣明するにいたって、読者を唖然たらしめてしまった。しかしその蔭には博士自身の人生的態度への深い悩みと「無我苑」への道があったわけで、博士にとっては言論は空念仏でなく、いのちをかけた実践と結びついていたのである。

五　「無　我　苑」

博士は『自叙伝』の中で、「私が若い頃、伊藤証信氏に強く影響されたと云ふのは全く事実である」と回想しており、伊藤証信と「無我苑」について書いている。――伊藤証信は三十歳の時、まだ真宗大学研究科に在学していて（当時真宗大学は東京郊外の巣鴨に在ったが）、無我の愛ということを唱えはじめ、二―三の友人と語り合って、下宿屋の近くに荒廃していた大日堂という小さな御堂を無料で借り受け、そこを運動の本拠とした。そしてその年（明治三十八年）の六月十日から『無我の愛』という機関誌を発行したが、それが号を重ねるに従って恐ろしい勢いでひろがったという。博士はそのころバイブルの「マタイ伝」五章にある教訓をば疑うべからざる絶対的真理であり、まさしく絶対的非利己主義であるとし、人間の態度としては、これを文字通りに実行に移すべきだと考えた。利己主義と利他主義との問題に悩んでいた博士には、伊藤証信がこの素晴らしい絶対的非利己主義の唱道者であるばかりでなく、文字通りの実行者であるというように映った。『自叙伝』には「現代の日本にかうした主義を文字通り実践に移しつつある人が、ただの一人でも、ともかく現実に存在してゐるといふ事実、その事実を知つたこと

伊藤の無我愛を文字通りに盲信したり

が躊躇しつつあつた私を決定づけた。私はそのおかげで、初めて絶対的非利己主義の道に突き進むといふ決意をなしえた。その影響の意義は私の身にとつて実に絶大であつた」（一、一〇八―九ページ）と。

博士は伊藤証信が、卑しい利己心とか我執とか憎悪とかいうものを脱却してほんとうに身をもって理想的な、非利己的な「無我愛」の実践者として日常生活をしている先達であると思い込んだのであった。現実の人間にそのような高い境地を期待することがはじめから不可能であることは明らかであるが、伊藤証信と彼の「無我愛」にたいする博士の過大な錯覚や誤解が、当然のことではあるが、やがて博士は伊藤の立場に失望し、「無我苑」を脱退することになった。博士は『自叙伝』の中で当時の心境を回顧して言っている。「実は伊藤氏の無我愛の真理なるものを誤解してゐたからだ」と。また「当時の私は絶対的非利己主義を真理と認め、自分の生活を徹底的にこの主義によつて律せんことを求めた。偶々伊

伊藤の無我愛を邪説であると批判した

伊藤証信の返事と彼への訪問

藤氏は、私より先きに已(すで)にこの道を進みつゝある一の先達(せんだつ)として私の眼に映じた。然るかぎりにおいて私は、極めて謙虚(けんきょ)な心をもつて氏に師事(しじ)し、次ぎ次ぎに氏の影響を無条件に受け入れた、しかし同氏の謂(い)ふところの無我愛なるものが絶対的非利己主義と何の縁もなきものであることが次第に明かとなるにつれて、やがて私は氏の影響から離れ、遂には氏の無我愛説を指して天下の邪説であるとすら公言するに至つた」（一、一〇九―一〇ページ）。そして「もしも私が最初からこの事をはつきり承知して掛つたならば、私は決して無我苑などに飛び込みはしなかつたであらう」と告白している。しかし当時博士が絶対的非利己主義を求めて伊藤証信に手紙を書き、後から、返書を受けたことは博士の決意そのままの方向に油を注いでしまったのである。それは「無我愛」の実行と伝道に尽すべきこと、そのための妨げとなるものは万事抛擲(ほうてき)すればよいという意見であったが、これが博士への「最後の一鞭(ひとむち)」であった。明治三十八年十二月四日夕刻(こく)、博士は初めて巣鴨の大日堂に伊藤証信を訪ね、夜十時までも伊藤の教えを聴き、その説に服し、無我の愛の実行に、その伝道に一身を献ずる決心を固め、月光を踏んで寓居に帰った。かくて事は決った。翌五日に教員の辞職願を出してしまった。伊藤は七日に博士の寓居を訪れ、『読売新聞』に連載中の評判になっている『社会主義評論』を擱筆し、懺悔を公けにすべきことを勧告した。博士が突如として擱筆した事情というのはこのような経緯がその蔭にあったのである。当時博士は真剣な決意をもって無我愛を実行しようとし、入苑して約六十日の間、素直に入苑生活をつづけた。

『社会主義評論』擱筆の事情

しかし無我苑の同朋たちの日常生活は弛緩した偽りのものであり、博士の見るところによると、全力を挙げて他を愛する趣旨ならば、彼らが昼間睡眠を貪るがごときは全力を献げぬ証拠であると厳しい批判をし、自分は彼らから別れて「寝ねず休まずして」此の真理を伝え、此の五尺の痩軀を使い、死して後已むの決死の覚悟をしたのである。

無我愛のための決死の覚悟

絶対的非利己主義への精進

こうした思いつめた博士の「絶対的非利己主義」へのあこがれと実践とが、いわゆる博士の奇異なる宗教的な体験として世に語り伝えられているのである。「寝ねず休まず」の生活というのは、「死を決し、死に直面したのだ。」「それは禅家に謂ふ所の大死一番なるものに相当する。」「小我を滅却することによつて物心の対立を超越し、心を心で見ることが出来た」のであり、「その瞬間こそ即ち私が謂ふところの宗教的真理を把握した瞬間なのである」という。かの『社会主義評論』の擱筆の辞の中で、「今幸にして最高の真理を得て、夕に死すとも可なりの境に入る」などと書いたのは、当時のこうした心境からのことであった。ここでわたくしは、博士について世に伝えられている自我滅却、大死一番の瞬間を体験したという「奇異なる宗教的体験」という異常な精神状態に陥った事実を『自叙伝』から採録してみる。

奇異なる宗教的体験の経過

それは当時の博士の備忘録に略記しておいた体験の経過である。明治三十八年十一月九日の夜のことであるが、「世に身を献げて全力を尽して他を愛すと云ふ者」が、「夜に入りて寝に就くは、果して全力を献げたる者と云ふを得べきや否や」という設問である。博士は苑の友人竹内某と語り、「爾今寝ねずして真理を伝へ死して後已まんのみ」と約し、雑誌『献身』を発刊しようとし、「吾輩の信ずる宇宙の本性」と題してその原稿を書き初めたのである。瞑想沈思して宇宙論・人生論の筆を執り、さらにその解説として「夫れ宇宙は無限なり、個体は有限なり。既に有限を以て無限に対す、知るべし個体は有りて無きもの也」といった調子で、そこに「吾輩の信ずる人生の真目的」とは何かを論述しようと筆を進めていると、俄然心境の異変を感ずるに至った。「未だ誌するに及ばずして、余は余の思想が余りにも明瞭なるに驚き、何が故に今日まで此の如き最も簡単にして而も最も高大なる真理に到達し得ざりしやを怪み、同時に現在の自己が余りにも偉大なる真理に想到し得ざりしやを怪み、同時に現在の自己が余りにも偉大なる真理を悟りたるに驚嘆しき。これ余が当時の実感なり」と述懐し、

此の時須臾にして余が頭脳は実に形容すべからざる明快を覚え、透明なること玻璃の如くなるを感じたり。よりて筆を執りつゝ、座にありし石野準君を顧みて、今夜神われを

河上肇の筆蹟

万里雲晴れて月天心に到る

「万里無雲万里天」

して物を書かしめ給ふが如く感ずる旨を述べたり。

須臾にして余は霊薬を以て余が眼瞼(まぶた)を洗はれたる如く感じたるが、眼界俄かに開けて急に視力の倍加したるに驚きたり。この時余が心は万里雲晴れて月天心に到ると云ふべきか、否、到底筆墨に言ひ現はすべからざる無上の軽快を覚えたり。……

須臾にして余は俄に身体の軽く浮び上がるが如く覚えたり。何物かありて余が身体を軽く和(やわら)かく抱き上ぐるが如く覚えたり。余は暫くの間、両腕を伸ばし身体を動揺せしめつつ、坐りながら体を自然の動揺に任せて浮ばせ居たりき。……石野君傍(かたわら)に在り、見て

青年河上肇の体験した大死一番の境地

甚だ奇怪の感を為す。余亦頗る奇異の感を為し、時計を出して検すれば正に午前一時五十分なり。乃ち更に筆を執り、改めて先きの一文を清書せんと欲す。書して未だ写し終らざる中、急に余は何物にか頭脳を襲撃せられたるが如く感じ、筆を投じて苦悶するに至れり。……余は襲撃せしものの何物なるやも悟らずして、只脳裏の苦痛に耐へざるがままに畳上に倒れて悶けり。余は何物かありて余が身体を抑へ、余を畳上に圧伏せずんば已まざるものあるを感じたりき。余は暫くにして、余が頭脳を苦むるものは自己の偉大を感ずるにあるを悟りたり。余は既に一命を捨つるの決心を為したる時、余は全く無我となれりしを信じたりき。しかるに今、人は死すとも猶ほ我執を存するものなるを悟れりき。否、大死一番す、而して始めて宇宙の本性を見る。既に宇宙の本性を見る、余は如何にするも現在の自己の偉大を感ぜざるを得ず。……偉大なりとの感情は、其の真理の偉大を信ずると同一の力を以て襲い来り、迫り来るを如何せんや。余は頻りに苦悶せり。余はこの私心を棄てざる可らず、しかもこれ容易の業に非ず。而して若し余にして此の最後の私心を棄つるに非ずんば……余の得たる真理も之を人に伝ふるに由なし。しからば余は生くとも甲斐なし。否な天は余にして此の最後の私心を棄つるに非ずんば直ちに余が生命を奪ふべしと確信したりき。……最大の真理を悟得し、伝へずして死するは、大なる遺憾なり。然れども如何せん、最大なる真理を悟了せし余は、如何にしても自己の偉大を信ぜざるを得ざるなり。

余は涙を流して苦悶せり。両腕を畳上にねぢつけ、頭を攫(つか)むに両手を以てし、猶ほ頻りに苦悶せり。両肋(あばら)の骨の頻りに動きて胸の張り裂くるが如きを覚えたり。(『自叙伝』五)

生涯の人生的態度に結ぶ肉体的・精神的体験

博士は当時の異常なる精神状態と肉体的苦悶までまことに正直に生彩に充ちた描写をしているのであるが、博士のこの異常な体験が、『社会主義評論』の連載を中断せしめたのみでなく、博士の生涯における「宗教的体験」あるいは宗教的「真理」なるものと深く結びついていることを思えば、その異常性の如何を問わず、静かに襟(えり)を正して博士の体験に耳を傾くべきであろう。

噫(ああ)、この真理、久しく懸つて吾等の眼前に在りき。しかも人自ら悟る能はず、徒に我利我執に耽溺(たんでき)して生死の苦を受く。故に宇宙自然は或は暴風を以てし、或は洪水を以てし、あらゆる一切の手数を尽して之を警醒(けいせい)するも、しかも人の更に知るものなし。然し人に

人は神に、神は人に融合一致

教へんと欲せば人の言を借らざるべからず、しかも如何せんや、人にして此の最大真理を説くも、人は人を疑ふて信ずる能はず。夫れ此の真理たる極めて簡単明瞭なり、しかも最高至大の真理なり、而して人一たび此の真理に従つて身を処せんか、之によつて無限の幸福を受く。これ豈に絶対に簡単なる方法を以て絶対に幸福なる境遇に入るの法に非ずや。此の如きの法を説く、人の信ぜざる宣なり。故に此の最高真理を伝ふるものは絶対に私心を根絶し、絶対の至誠を披瀝して人に対せざるべからず。換言すれば、人にして神ならざる可らず、神にして人ならざる可らず。――余は今に於て思ふ。これ即ち人生の理想なり。この理想に向つて精進する即ちこれ人生の意義なりと。――余は始めて真理を伝ふるの至難の業たるを知り、其の久しく吾等の眼前に懸つて、しかも人の悟る所とならざりしを知れりき。嗚呼風已に生死の事を忘る、余は既に死して後ち活きたる也。然れども如何せん、死して猶ほ我執残れり。余は今に於て絶対無我の境に在るの難きを知る、夫れ絶対の大に限りなきが如く、絶対の小に限りなし。余既に生死の境を脱するや、則ち自ら無我の境に入れりと信じたりき、然れども今は則ち其の然らざるを知る。

このように真剣に人生問題と取り組んだ博士は、このような心の過程を経て、

大死一番の悟り

このような心の本体を直観したのである。それが博士のいうところの「自我滅却、大死一番の瞬間の体験」であり、宗教的真理となづけているものである。二十七歳の若き日のこの体験を回顧して博士は『自叙伝』に言う。「ともかく十二月九日の夜半に私の経験した精神の動きは、余程激しかつたものと見え、私はそれから数日の間、全身に亘つて皮膚の感覚を失ひ、手や足など抓つて見ても、少しも痛みを感じないで過した」と。いずれにしても博士はこの奇異なる精神的体験を顧みて、『自叙伝』を執筆しつつある晩年においてさえも、「これによつて多年の疑問を解決し、爾来今日に至るまで四十年の間、幸に身の軽きを覚え得た」と告白しているのである。

博士のこの「奇異なる宗教的体験」について長谷部文雄氏はこのようなことを書いている。「先生がここで『精神の動き』の結果としての肉体的現象と解してをられることを、私は、肉体的現象（癲癇的発作）の結果として精神の動き（幻覚）としか解することができない。

もう一つの問題なのは、そのとき先生がわがものにされた宗教的信念を、四十年前の思ひ出としてでなく現在のものとして主張してをられることである。この点から出発しないでは、先生の生涯を十分に理解することができないのではあるまいか。波瀾を極めた先生の生涯のいろ〳〵の出来事の一つ一つをきり離して個々別々にみれば、どれもこれも他に類例の少いことではない。しかし全体としての先生の、なにか富士にも似た、その高さでなく、その颯爽とした姿は比類稀れといっても過言ではなからう。この颯爽たる姿はどこから生じたか。「大死一番」のうちにこれを解く一つの鍵があると思ふのである。『自叙伝』が出たのちも、先生についてものを書いた多くの人が誰ひとりとして先生の「癲癇性」を問題にしたことはないようである。先生を傷けはしないかといふ配慮からであらうか。私にもさういふ遠慮はある。しかし、先生はすでに歴史上の人物である。科学的冷厳をさけた研究は、歴史的人物に対する正しい態度ではないであらう」（『資本論随筆』一三四―五ページ）。まことに傾聴に値いする提言である。

博士が特殊のマルクス主義学者であることを規定するために、後に博士の宗教的真理と科学的真理の弁証法的統一の問題について言及しなければならないが、

一身は天下の公器である

博士は若き日の体験を、後年の思想と行動のうちに溌剌として生かしているのである。若き日の思想的問題意識として、「人もし汝の右の頰をうたば……」のバイブルの言葉をそのまま実行したなら、人間は生きて行かれないだろうということはもちろん当然博士は考えていた。しかし「元来このからだを自分の私有物と思ふのが間違ひで、之は暫く自分の預つてゐる天下の公器である、と云ふことを悟るならば、このからだを大切に育て上げ、他日必要と認めた場合に天下の為めに献げると云ふことこそ、自分の任務でなければならぬ、と云ふことが会得される」と確信しているのであるから、われわれは、博士のこの確信を考えることなしに、軽々しく後年の博士の社会運動者への金銭の援助や、共産党への資金寄附や、原稿料問題や、共産党入党までの行動をとやかく批判しても、博士の人間としての真実の姿に即して考えていかなければ、その真相を捉えることはできないと思う。後年になって博士はいう。「かくて私は、絶対的な非利己主義を奉じなが

絶対的非利己主義へ徹するところ

晩年に至るまで天下の公器としての自覚に徹した

ら心中毫末の疚しさを感ずることなしに、このからだに飲食・衣服を供し、睡眠休養を許し、なほ学問をもさせ智識をも累積させて行くことが出来るやうになった。ただ問題は、絶えず私心の掃滅に努め、この五尺の体躯をして真に天下の公器たるに値せしめることに存する。問題は新たにかく私に課せられた。私は初めて迷ふことなく、爾来四十年になん〳〵とする生涯を渡り、幾たびか狂瀾怒濤を踏んで、未だ身を殞するに至らず、今では最早や骨董品となり了つた此の痩躯を、たゞ自然の衰朽に任せつつある次第である」（『自叙伝』五）と。晩年における博士のこの悟りの心境は、博士の若き日に培かわれ、六十八年の生涯を支配したものであった。

この奇異なる宗教的体験を経てから、博士の伝道熱はいやがうえにも猛烈になり、その翌月十三日には切通湯島に転居し、ここを伝道の根拠地としようとしたが、考えを変えて歳末に巣鴨に移った。しかしその生活費は読売新聞記者として

読売新聞記者となる

「無我苑」時代の生活

受けていた。というのは『社会主義評論』で河上肇の名が有名になったので、間もなく「読売新聞社」に招聘されたのであった。博士の述懐によると、当時世間の人は、博士が有名になったから新聞社に高給をもって抱えられたように噂したらしいし、黒岩周六の『万朝報』などでも、「才人河上肇」などという文字を使って何か書いたらしいけれど、実際の給料はけっしてよいわけでなく、「教員をしてゐた頃の収入の半額くらいの月給にありついたに過ぎない」有様であった。そのころ時にどうかすると夜おそく銀座の新聞社から巣鴨に帰ることもあったが、ある冬の夜、「雪が膝を没するまでに降り積んだ夜中を、ろくに路とてもない巣鴨の畑の中を通りぬけ、蒲団も少い小さい堂の中で、洋服を着たまま畳の上に寝ころんで夜を明かしたことも覚えてゐる。当時はそんなことをしても、まるで寒いと思ふやうなこともなかつた」(『自叙伝』五)。このような生活をしていたが、明治三十九年の一月四日に、巣鴨に一家を構え、それを「無我苑第三分苑」と称して、

「無我苑」生活に疑問をもつ

「人生の帰趣」の執筆と擱筆

そこで生活は読売新聞社から貰うわずかの月給で支えていたが、そこへは、無我苑同朋と称する人々が勝手に出入りして、炊事をしてくれたり、勝手に自分たちも飯を食ったりしていたという。その一月四日から博士は「無我愛同朋の一速記者として」読売新聞に、「人生の帰趣」と題する続きものを連載しはじめた。ところが、それを二月初めまで続けて書いているうちに、漸く「無我愛宗」なるものに疑問を抱くようになったので、またもや、「人生の帰趣」の連載も途中で擱筆してしまった。博士はこのころ、宗教運動に熱意も興味も失い、読売新聞記者として主に経済方面の問題を担当し、次第に経済の実際問

青年時代の河上肇（22歳頃）

『日本経済新誌』の発刊を企てる

題に関心を深めるようになり、こんどは、『日本経済新誌』という雑誌を創刊し、自ら主筆となって、その経営に従事することになった。それは当時、田口鼎軒(卯吉)の『東京経済雑誌』が自由主義経済の立場から盛んに自由貿易論を唱道していたことに対し、この有力な論壇の傾向の批判として、保護主義的・国家主義的立場から、敢然と立ち上ったわけであるが、博士の経世家的な気質や、執拗な学究的性格と国家主義的・愛国的な教養がここに再び燃えてその頭を抬げるにいたったのである。これも博士の生涯の転機であり、「思ひがけなくも京都帝国大学に拾はれるやうになつたものである」。そして再び、経済学者として新しく人生の門出に立つことになった。

河上さんが無我苑に飛び入つたと聞いて、早速私は巣鴨の無我苑第三苑に氏を訪ふた。その時氏は利己主義の経済学を擲つて非利己主義の宣伝に移つたこと、私が氏から下請負をしたワグナー経済原論の翻訳は校閲する気がしないから、原稿が出来たら直接に書肆同文館に送つてよいことなどを告げて、それから無我愛の説法が暫らく続いた。……その時の氏の態度には実に真摯(しんし)・熱烈な宗教家の風があり、氏は学者であり詩人であるやうに見えるが、氏の本性は宗教家ではあるまいかと感ぜられた。後年氏がマルクス主義に赴いた時にも、他の同主義者とは趣を異にし、「無我愛」の信仰と相通ずるところの、マルクス教の使徒であるかのやうな感銘を与へた。氏は晩年に宗教的真理を是認するマルクス主義者と自称したが、その事は已(すで)に青年期の宗教生活に基石を据えてゐた。

（作田荘一『時代の人河上肇』二五ページ）

六 『人生の帰趣』

私心を掃滅すること

無我苑入りとともに、博士の悟入した絶対的真理としての絶対的無我の自覚というのは、利己的自己を否定して、自己を真に天下の公器たるに値せしめるために、不断に精進し、反省し「私心の掃滅」にまで純化向上させることであった。このような「求道(ぐどう)」への精進は、「天下の公器」という「個人的」の立場から

「天下の公器」の現実生活への姿

「社会的」の立場へ経上がることによって、完成への道が開かれるといわねばならない。「天下」ということは、つきつめれば博士の現実に生きている歴史的社会であり、それは具体的には資本主義社会である。資本主義的生産方法の支配する現実の矛盾に満ちた社会において「天下の公器」に値いする自己をつくり上げることは、一面において「宗教的真理」を保持しつつ、同時にメダルの両面のごとく、他面において「社会科学的真理」を追求しなければ、天下の公器への道が自覚的に開かれない。人類の経済的活動、それは経済学的研究とその活動をも含めての社会

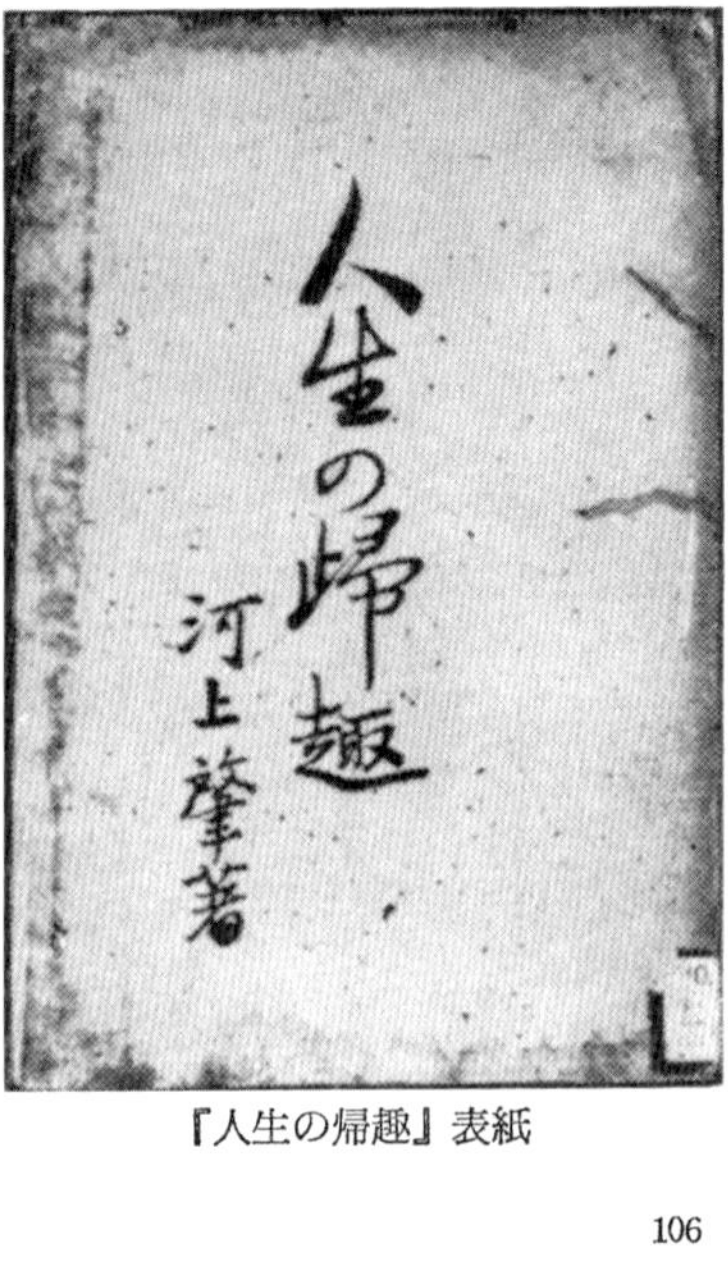

『人生の帰趣』表紙

『人生の帰趣』の人生観

救世主的な態度の説教

科学的真理への探究は、「無我愛」の活動の一種であると自覚した。「無我苑」を離脱してから後、明治三十九年一月から二月二十七日まで『読売新聞』に連載した『人生の帰趣』には無我愛の真理と経済学との関係について、若き日の博士の重要な見解が述べられてある。

> 夫れ宇宙の本性は無我の愛也。宇宙を組織せる一切の個体は、基本性に於て無我愛の活動也。即ち一個体が、自己の運命を、全く他の愛に任せ、而も同時に、全力を奮つて他を愛する、之を無我愛の活動といふ。吾人は、久しく宇宙と自己との本性を覚らず、妄りに我執と憎悪とを以て自ら煩悩し来りき。而して今や廓然大悟、竟に絶対的平安の境を得たり。茲に翻つて思ふ。釈迦基督孔子等の諸賢の道、亦之に外ならざりしを。

と。そしてわれわれの人生を苦難・煩悶の旅路と見立てて、社会主義青年や、老人や、病婦や、医師や、道学先生やニーチェまでが迷いの人生の旅路に出かけるという「人生の趣向」で本論をすすめ、その旅行の本来の目的は「自覚」という宝玉を獲るに在りとする（一六―七ページ）のであるが、ここでは昂然たる「救世主的態度」を示して説教をし、この絶対の真理の顕揚には、「回を重ぬること幾百千万兆に及ぶも、擱筆の期あるべからず」という気概を示したのである。

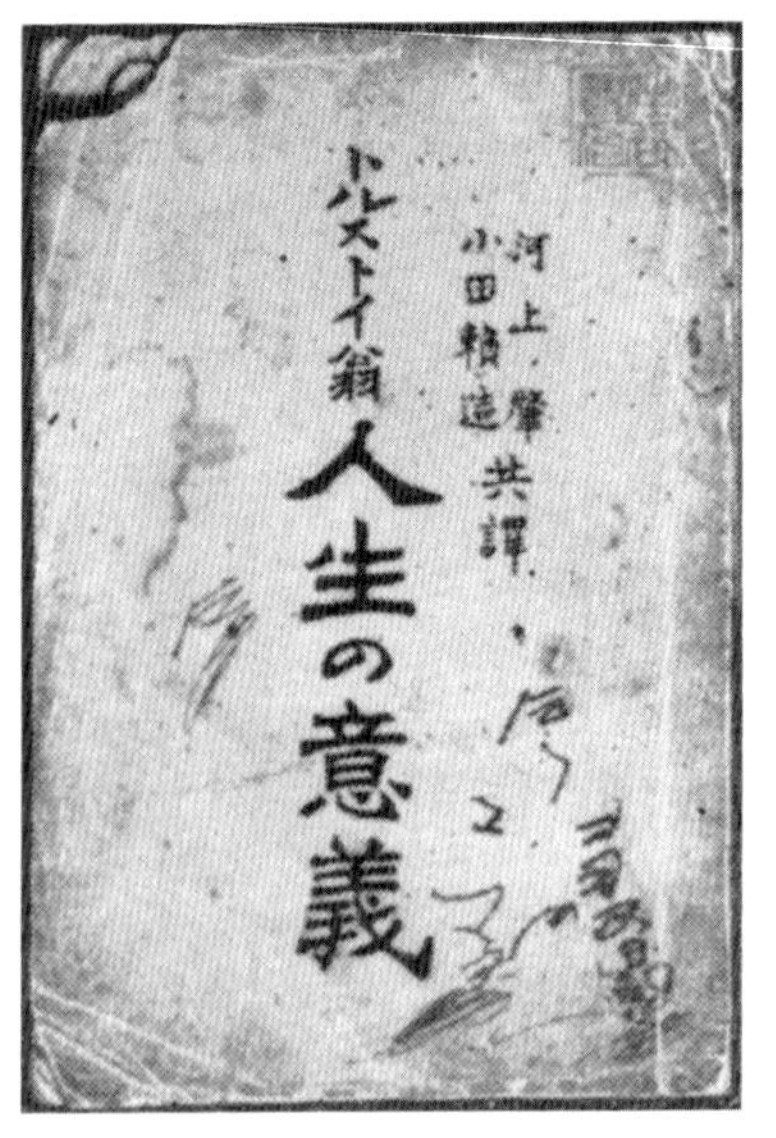

『人生の意義』表紙（明治39年刊）

「吾人に霊性上の大歓喜・大平安を与へんとするトルストイ」に傾倒した27歳当時の読書・瞑想生活の姿を示すもの。

ここで無我愛の活動と経済学との関係について論じた一節は、博士の経済学研究への精進の一道標として軽視できないのである。

経済学と無我愛との一致の意味

経済学は人類の経済活動について研究する学問であるが、それはけっきょく無我愛の活動である。例えば出版業なるものは、書籍の出版を以て自己の業と為すものであるが、書籍は世人の必要を充すために用いられる。業者は自分の利益を為すためでなく、全力を献げて他を愛する活動をしている。発売の結果、幸いに世人の諸用に投じたときは大いに儲けることができる。もしそうできなければ印刷費をも回収することが出来ないだろうという。この見解はスミスの自然法の経済思想を、無我愛の活動によって置き替えたといってよい。利己心・自愛心の自由主義・営利主義・個人主義という資本主義の普遍的・基本的精神が精神的基調として経済倫理を形成しているところを、博士は経済的行動が無我愛に没入することをもって宗教的・絶対的真理に到達するという河上的倫理によって説明したのである。無我愛の経済活動は「天下の公器」に値いする自己の没我的展開へ導かれる。個人的倫理から社会的倫理への発展であり、それは大学卒業後一たび経済学の研究を志し、その無意義を感じて無我苑に入り、さらに無我愛に立って再び経済学と結びついたので、ことに、「天下の公器」という非利己的人間の立場は、

経済的行動の無我的意味

理想社会とか社会主義社会とか共産主義社会へも結びつく素地となる。博士の心の筋道を、このように辿ってみると、『日本尊農論』の農業保全論から、田園鼓吹論に及び、「日本経済新誌」における『花園都市』建設論へ、さらに社会主義経済研究への必然的な内面的連絡が透視図的に観察できるのである。

七　『日本経済新誌』の創刊

明治四十年（一九〇七）、博士三十九歳のとき、前年にその記者となった「読売新聞社」を退き、四月三日、神武天皇祭の日を期して『日本経済新誌』を創刊し、自ら主筆となり、当時わが国の自由主義経済学者として、評論家として最高峰の一人田口鼎軒の『東京経済雑誌』に対抗し、「保護貿易論」の論陣を張った。

天下の公器としての雑誌活動を開始した

創刊の趣旨は別掲写真に示されてある通りであるが、博士は本誌で「天下の公器」としての活動を開始し、毎号論文や社説を発表した。ここで注目すべきことと

【明治四十年四月一日第三種郵便物認可】【毎月二回三日十八日發行】

日本經濟新誌

第一號明治四十年四月三日發行

發行之趣旨

方今興國の氣運は沛乎として吾が國朝野の間に滿てり今日の急務は益々國論を統一して開國進取の洪漠に依り以て上下一致力を國民經濟の發展に致すに在りとす然るに吾國の論壇を見るに事一たび經濟問題に關するや動もすれば異論雜出して歸一する所なく甚しきは則ち猶ほ夫の極端なる個人主義放任主義を奉じ拱手無爲の政治を理想とし自由放任を以て惟れ足れりとし或は一部階級の利害に偏して敢て吾が國民經濟の政策を左右せんと擬す是れ吾が今日の進運と相容るゝものにあらず是を以て吾人敢て自ら揣らず玆に日本經濟新誌を發行し國家を本位に置き以て一切の時事問題を解決し聊か世論に裨補する所あらんと欲す即ち吾人の志は廣く時勢を研めて宇內大勢の趨く所を審にし之を學理に照らし之を古今歷史の教訓に稽へ積極進取の方策を講明し國威の宣揚と民福の增進とを務め以て吾が國民經濟の健全なる進步發達を致し益々我國天賦の使命に荅へんと欲するに在りとす是れ吾人が特に皇祖祭日を以て此の初號を發行する所以ん也幸に朝野諸君の諒せらるゝ所となり採擇を賜う事あらば則ち何の幸か焉れに過ぎん

『日本経済新誌』創刊号表紙

は本誌で「経済と道徳」の衝突「利」をとるべきか「義」をとるべきか、という人生問題の矛盾にたいして調和を求むるための考慮、および農業問題の研究による農業保全論の立場から、田園生活の鼓吹となり、「自然に帰れ、田園に帰れ」と叫び、理想的な「花園都市」の紹介と、実行の新提案をした経世家的風格を示したことである。

『日本経済新誌』の第一巻、第二・三号における「経済と道徳」という論文は、当時における博士の学問・思想の特質を語る重要な文献である。博士によれば当時の日本国民の前途に解決すべき二つの大問題が横たわっているという。一つは「経済と道徳」との衝突、他は「商工業と農業」との衝突であり、この二つの問題には将来における一切の政治的・経済的・社会的・倫理的・宗教的問題が集中し、「是等の衝突が若し巧みに調和せらるるならば、日本国民の前途は実に多望なり」という。この第二の問題にたいしては前に述べた『日本尊農論』と『日本農政学』とが執筆されたのであり、第一の問題については「経済と道徳」論が公けにされたと言ってよい。

営利と道義との調和が日本国民の天職

いま「営利に対する熱心と金銭に対する渇望」とは世の人心を風靡(ふうび)しているが、経済社会の進歩と弊害がここにあり、営利と道義との衝突がここにある。「利と義」と「経済と道徳」との調和を計ることが「日本国民の天職」であるという。「衣食足りて礼節を知る」とか、「恒産なくんば恒心なし」という孔孟の教えは、「物心二界相関(そうかん)の理」を看過できないことを示す。「極端なる社会主義者の道徳観」は物質偏重の欠点があり、営利のための「利己的活動は同時に愛他的活動となり、また愛他的活動は最も能く利己の目的を達する所以(ゆえん)」として博士はマンデヴィールの「個人利己的活動の害悪が公共の利益である」という消極的な考え方から、アダム＝スミス的に、積極的に利他と利己とが一致し調和することを強調する。それは資本主義経済組織の是認となるのであるが、博士にあっては、これ

「私悪と公益」より「私利と公益」への弁

「利」と「義」との一致・調和の論

個人道徳の錬磨

孔孟的人道主義と仏教的精神主義が基調をなす

が孔孟的道徳よりして、「無欲の説は畢竟正欲の説」として天理に合する真の意味は、欲望増進は歓迎するが、私欲より超脱するを以て人生の本務とする。「人間欲なかるべからず、また無欲ならざるべからず。この矛盾せる一句の中に自ら経済と道徳との調和あらん」という。要するに個人の道徳的錬磨と修養によって孔孟のような理想的な人間、聖人君子になることである。一般的な現実的のその困難な事実をば、人々が心の中で解決しようというので、それがために客観的な矛盾した事実は依然として一般的事実として残っているので、博士二十九歳の時のこの観念的の立場は、やがて後になって『貧乏物語』における貧乏根絶の三策にその解決の道を見出されるということになるのである。これが堺利彦が批評したように、「孔孟的人道主義と仏教的精神主義と、社会主義的経済学と現状維持的妥協主義との極めて不徹底なる混合物」としての思想の根拠である。

ここに仏教的精神主義というのは、博士が「無我愛」の精神的説教や、『人生の帰趣』の中で親鸞上人や蓮如上人の悟りを礼讃していたことよりして、人道主義が仏教的精神主義によって深く裏づけられていることを意味するのである。

八　社会主義とマルクス人物観

「マルクスも吾輩は好まぬ」という

『日本経済雑誌』の第二巻（第四・五・六号）に連載された「社会主義論」は、二十九歳のころの博士がマルクスを如何に考えていたかを知るに興味のある一文である。マルクスを薄情・無慈悲の人間であると批評し、吾輩はマルクスは嫌いであるといったり、社会主義者はその末流として取るに足らぬと貶し去ったりしていること、別掲の写真の示すとおりである。後年の博士のマルクス主義は、博士にとって科学的真理として、たとい身は焼かるるとも捨てることのできない生命がけの思想であり、学説であった。本誌の「社会主義論」は、ゾンバルトの「社会主義及び社会運動」を翻訳・紹介し、同誌の「海外思潮」欄に掲載しようと企

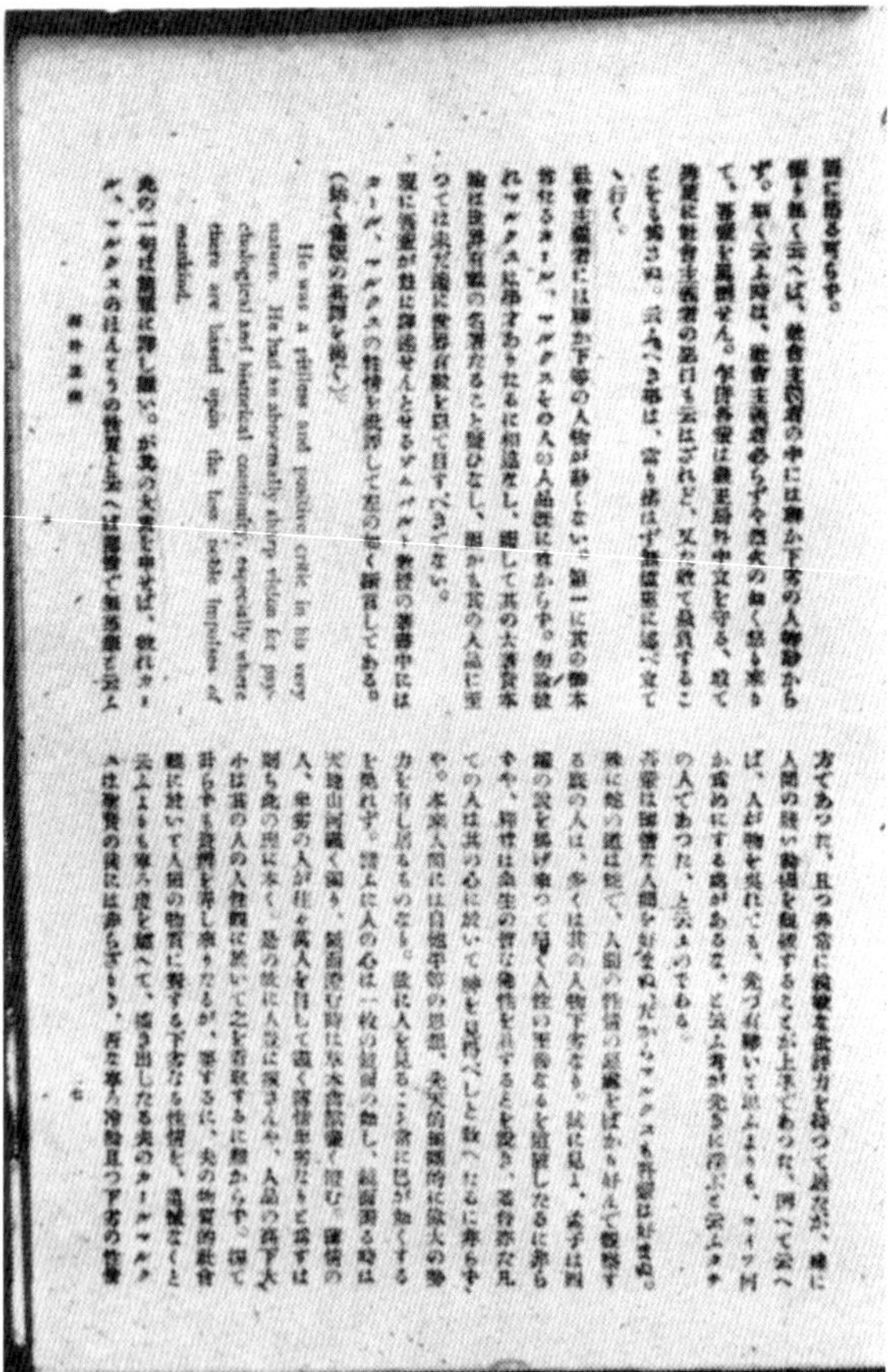

「社会主義論」(『日本経済新誌』掲載)の文章

て、その訳文公表にさきだち、序言として三回に亘る博士独得の社会主義論であるが、ここでの興味は博士がマルクスという人物を如何に考えていたかということと、「真理」の探究のためには、現実の社会主義者の人物如何に囚(とら)われてはならぬという学究的態度に懸っている。

「その学や敬すべし」

ここでマルクスの人物を酷評しているが、青年河上肇博士は、ゾンバルトの著書の紹介による歪(ゆが)められた偏見に充ちたマルクス人物論によって甚だしく印象を悪くしていたようである。詳細にして正確なマルクス伝の乏しかった当時の日本思想界であったから、悪意に充ちた宣伝を素直に受け容れたのは止むを得ないところであろう。しかし、それにも拘わらず博士の学問的態度は、はじめからそれら悪宣伝を克服しつつあったのである。それは「其の学や敬すべきもその人や敬すべからず」という観察であって、その真理探究への正しい方向を押し進めることによって、結局は、後年におけるように、マルクスの人物が、実際はその論敵・政敵から悪評されるような下等冷酷のものではなく、却って尊敬に値いする、人間的な、情愛豊かな性格の持主であったということまで、正しく理解することができるようになったのである。

学説・真理探究のためには、現実の社会主義者の人物如何に囚われてはならぬ、という学究的態度は、幸いにして博士を救い、それへの思索過程は次ぎのごとく進展した。

初祖（マルクス）既に然らば、末流豈に然らざらんや。然り、今日の社会主義者中には小なるカール＝マルクスの甚だ多きを見る。固より社会主義者中には、殉教者の如き高潔なる品性を具へ居る者なきに非らず。吾輩固より此の事実を否認せず乍去之と同時に吾輩は前の事実をも否認し得ず。要するに、社会主義を唱ふる者の中には、純乎たる至誠の一心に駆られつゝある者もある。が、又一方には、純乎たる自己中心主義を奉じつゝある者も多い。むしろ社会主義者の性情は此の後者によりて之を代表せしむるの適当なるやを思ふ。

と。ここにも利己主義と非利己主義の人道的・儒教的立場は強調され、社会主義者の没我的・愛他的・殉教者的な至誠の態度が高く評価されているのであるが、後年に博士が身をもって示した実践は、若き日の人間的心構えと矛盾なき一貫した人生的態度であったといえよう。

吾輩が斯くの如き社会主義者の人物論を掲げ来りたるは、無用の悪口を売らんとには非らず。只だ世人往々にして社会主義者その人を好まざる感情を以て社会主義そのものを批判するの標準とするが故に、聊か其の妄を弁ぜんが為めである。

社会主義者は人なり。好むと好まざるは人々の感情に任し去つて可なり。只だ社会主義そのものは一個の主義なり、一個の学説なり。之が是非得失を評論せんものは、其の間毫厘の感情を容るるを許さず。主義は主義として、学説は学説として、必ず之を主義上より是非し、之を学説上より評論せざる可らず。しかるに社会主義と云へば、人先づ偏見を以て之に対する弊最も多し。之れ吾輩学者流の只だ真理の究明を事とする者において、最も戒むべきことと思ふ。

学究的態度と社会主義研究の意気と覚悟

と。真理探究のこの秋霜烈日のごとき心構えは、その後、博士の社会主義、とくにマルクス主義研究の上に如実に示されたことである。かくて、「吾輩能く社会主義の論を為す。同学の先輩、為めに余の社会主義者と誤まられて奇禍を買はんことを憂へ」て忠告もしたらしいが、博士は、「常に其の好意を多謝すると雖も、障らぬ神に祟りなしと云ひて、妄りに斯の大問題の研究を避くべきに非らずと信じて」その研究を怠らなかったわけである。博士のマルクス主義研究とともに、学者として教授としての受難は、すでに社会主義者とならぬ以前、この頃から明

若き日の学問研究の基本的な態度

らかに覚悟は出来ていたのである。というのは、「世の人動もすれば社会主義者と疑はるることの損失を避けんが為めに、度を越えて社会主義を蛇蝎視するかの観あり。かくては真理を伝ふべき学者が、却って不真理を世に拡布することとなる。これ恐らく人生の進歩に真個の貢献を為す所以に非らざらん」と述べているからである。これは明治四十年十一月、二十九歳の青年河上肇の学問研究の態度であった。ここに、博士の将来学者としての運命が透視図的に観察できるような気がするのである。博士は翌四十一年に京都帝国大学法科講師として赴任したのであるが、それまでの学問的態度・人生的態度、思想的の悩みと立場と傾向とは略ぼ上述のごときものであった。

作田荘一著『時代の人河上肇』の中にいう。

苟も時代を動かさうとする国策の提唱を試みるに当つては、たとへ刻苦勉励の人であつたとしても、田口・天野の二大家を向ふに廻はして論陣を張るやうな大仕事は、齢三

発　展　（京都大学赴任まで）

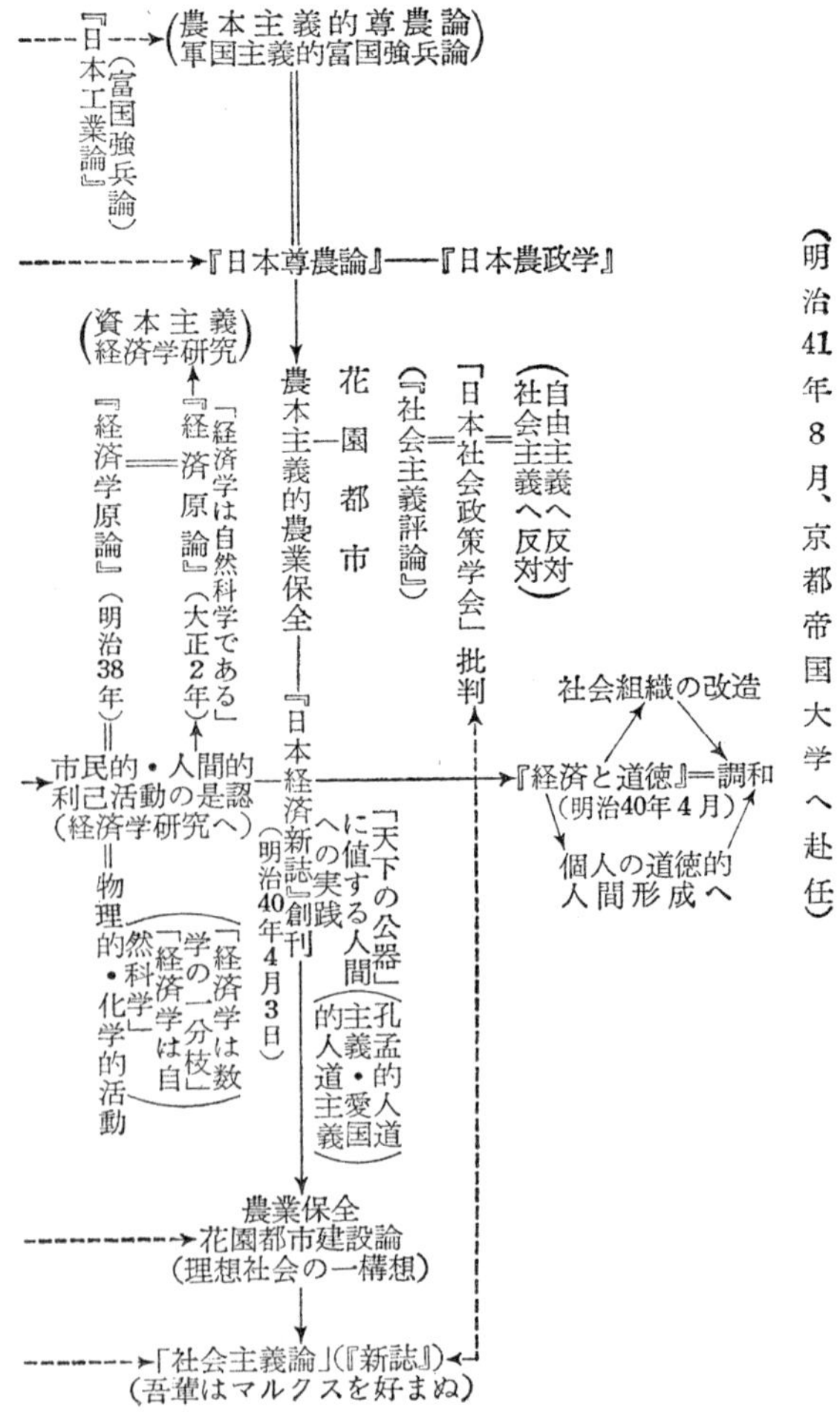

『日本工業論』
（富国強兵論）
（農本主義的尊農論
軍国主義的富国強兵論）
『日本尊農論』
『日本農政学』
（資本主義
経済学研究）
『経済学原論』（明治38年）
『経済原論』（大正2年）
「経済学は自然科学である」
農本主義的農業保全
花園都市
『社会主義評論』
「日本社会政策学会」
（自由主義へ反対
社会主義へ反対）
批判
市民的・人間的
利己活動の是認
（経済学研究へ）
物理的・化学的活動
（「経済学は数学の一分枝」
「経済学は自然科学」）
『日本経済新誌』創刊
（明治40年4月3日）
「天下の公器」に値する人間への実践
（孔孟的人道主義・愛国的人道主義）
『経済と道徳』＝調和
（明治40年4月）
社会組織の改造
個人の道徳的
人間形成へ
農業保全
花園都市建設論
（理想社会の一構想）
「社会主義論」（『新誌』）
（吾輩はマルクスを好まぬ）
（明治41年8月、京都帝国大学へ赴任）

河上肇思想的

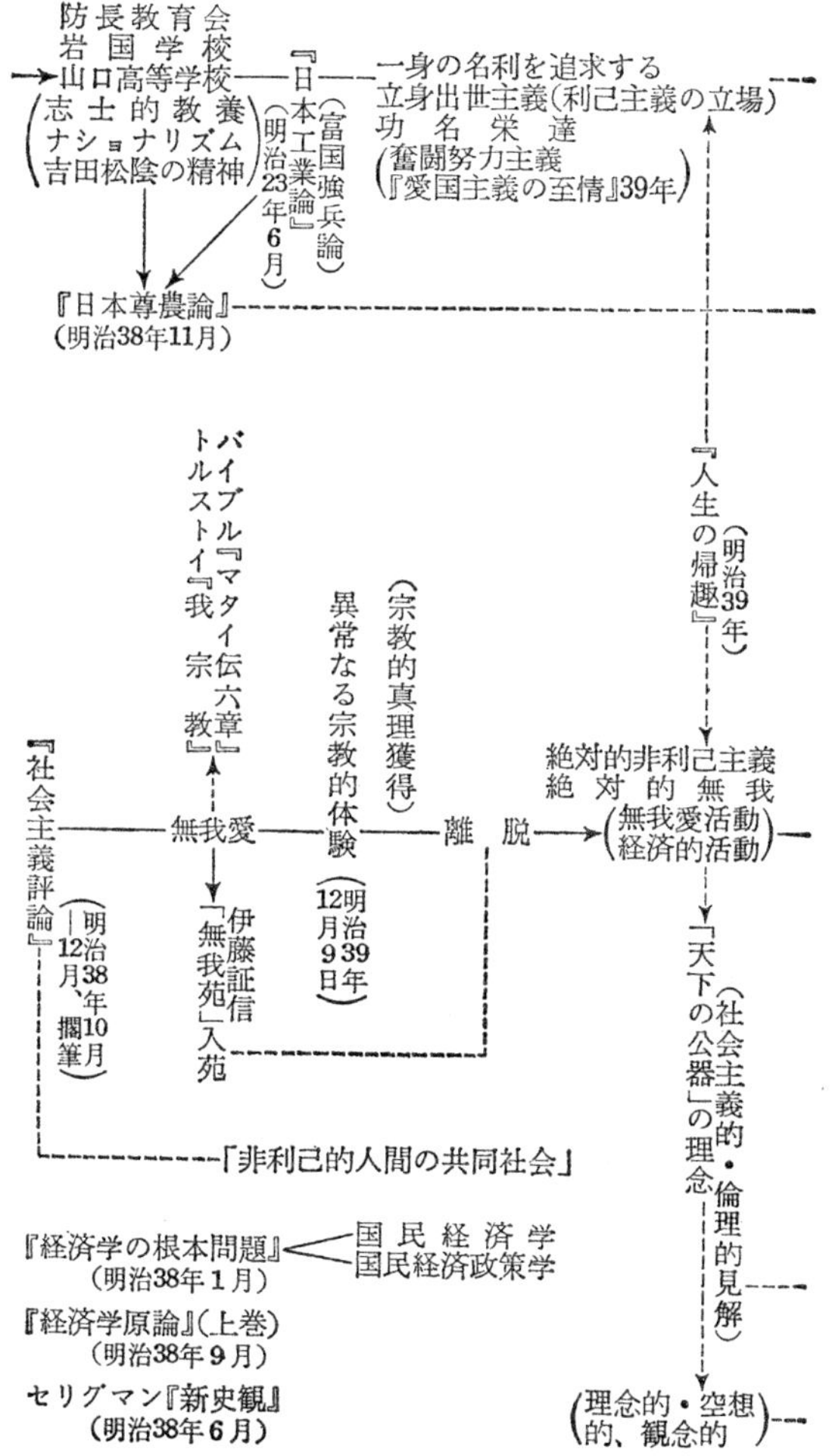
防長教育会
岩国学校
山口高等学校
志士的教養
ナショナリズム
吉田松陰の精神
『日本工業論』
(明治23年6月)
(富国強兵論)
一身の名利を追求する
立身出世主義(利己主義の立場)
功名栄達
奮闘努力主義
『愛国主義の至情』39年
『日本尊農論』
(明治38年11月)
『人生の帰趣』
(明治39年)
バイブル『マタイ伝六章』
トルストイ『我宗教』
異常なる宗教的体験
(宗教的真理獲得)
(明治39年12月9日)
『社会主義評論』
(明治38年10月—12月、擱筆)
無我愛
離脱
伊藤証信「無我苑」入苑
絶対的非利己主義
絶対的無我
無我愛活動
経済的活動
「天下の公器」の理念
(社会主義的・倫理的見解)
「非利己的人間の共同社会」
『経済学の根本問題』
(明治38年1月)
国民経済学
国民経済政策学
『経済学原論』(上巻)
(明治38年9月)
セリグマン『新史観』
(明治38年6月)
理念的・空想的、観念的

十に足らない学識・経験共に未熟なる青年河上の肩に担(にな)ひ切れない重荷ではなかつただらうか。……河上さんの雑誌編集は僅かに一年余にして中止せられ、氏は編集を他に譲つて四十一年十月には、早くも京都大学の教職に転じた。(三〇ページ)

第四　京都帝国大学教授時代

一　大学講師

はじめて研究に専念しえた

河上博士が京都大学講師に就任するようになった事情については、まず博士の恩師格の東大教授松崎蔵之助博士・東大農学部教授横井時敬（ときよし）博士・京大教授戸田海市博士・京大教授田島錦治博士らがそれぞれの地位において力になっていると思われる。これらの人々の間に直接の連絡や協力がなかったとしても、京大赴任という運命に合力したといえよう。何（いず）れにしても招聘（しょうへい）された博士は、はじめて安定した地位と環境で研究に専心できることになったので「望外の仕合せ」と感じた。歓喜と希望に満ちて東京から京都へ、一家をあげて移って来たのであるが、それは明治四十一年(一九〇八)八月、博士は三十歳、長男政男六歳、長女静子二歳のときであった。『自叙伝』にはこのように書いている。「大学卒業後は、あちらこちらの学校で講義の切り売りをしながら、やつと糊口を支へ、その暇を偸んで自分の研究に従事してゐるうち、やがて無我愛運動に参加し、次いで読売新聞の記者となり、それをやめてからは『日本経済新誌』という雑誌を創刊し、その経営に携はつてゐたところ、漸くにして京都帝国大学講師の地位を贏ち得るに至つたのであつて、それは大学卒業後すでに六年を経過した時であつた」と。また、「それまで会つたこともなかつた戸田海市博士の推挽により京都大学に奉職することになつた」とも書いている。

佐々木惣一博士によれば、「そのころの京都大学法科大学で有力だった田島博士の同意なくして、経済学関係に河上君を迎えることは到底できるものではない。田島先生は、曾て自分を罵嘲したことのある河上君を快く迎えられたのである。これは田島先生の風格の美しい点である」といって、「当時の学界の事情より見ると美談である」としている（『思ひ出』あれこれ」、『自叙伝』五）。

河上博士は京大赴任以来二十年の久しきにわたり、経済学研究に没頭しえたのであるが、そのため「つひに自己を一個のマルクス学者に仕上げることが出来た」（『自叙伝』五）という。さらに天下の河上肇にまでなったのであるが、この時期こそ学問的に多産の時代であった。初期の主なる著述として『人類原始の生活』『経済学の根本概念』『時勢之変』『経済と人生』『経済原論』『金と信用と物価』、訳書としてフィシャー及びフィスク共編の『如何に生活すべき乎』、ピアソンの『価値論』、ファイトの『唯心的個人主義』などがある。博士をして天下の河上肇の名をほしいままにせしめたのはもちろん『貧乏物語』である。

学問的に多産の時代

二　『時勢之変』

『社会主義評論』と『時勢之変』との差異

博士の思想の変遷を知るための特長のある著述は『時勢之変』と『経済と人生』である。前者は明治四十四年三月の刊行で前年の十二月、年末の十日間に一気呵成に完稿したもので、「仔細あって『社会主義評論』を絶版することにしたつぐなひとして」改めて起稿したものであり、『社会主義評論』とよい対照をなしている論著である。「はしがき」に『社会主義評論』は放胆的、『時勢之変』は小心的、前者は書生論的、後者は経世的、前者は人をして喝采せしめ、後者は人をして考慮せしむ、前者には音あり、後者には味あり、という。

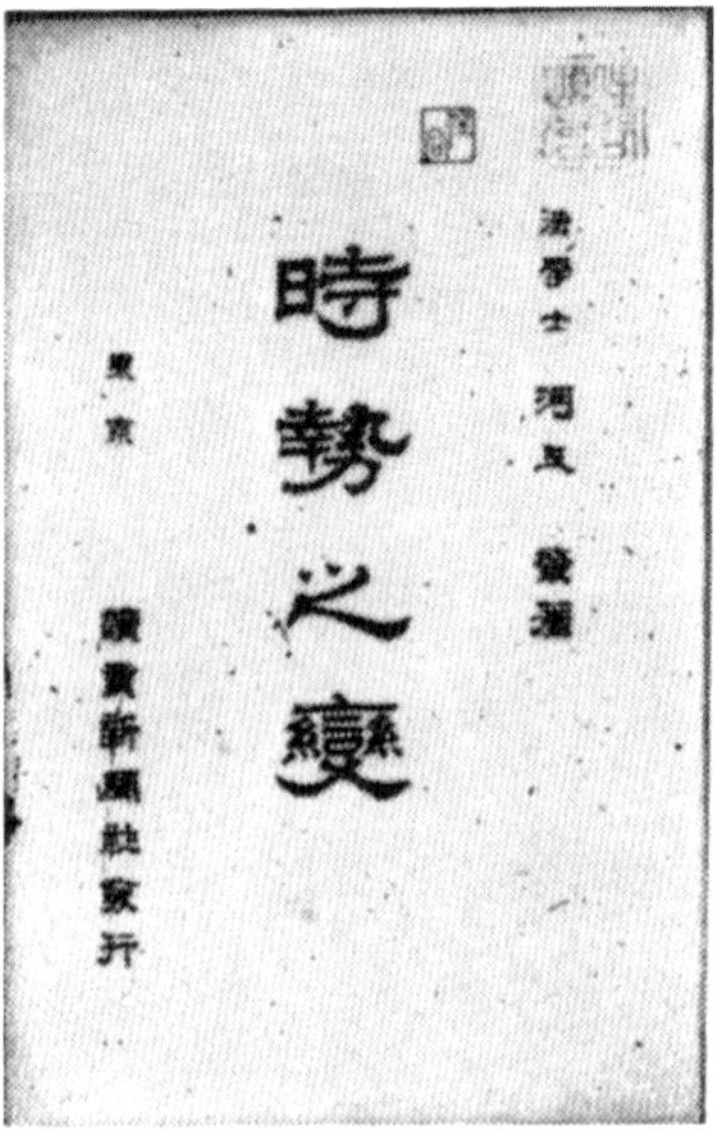

『時勢之変』表紙

唯物史観への傾斜の萠芽

本書の博士における思想史的特質およびその占める地位といえば、『貧乏物語』を経て、『近世経済思想史論』と『社会問題管見』と『ある医者の独語』における明らかな唯物史観と社会主義、さらに社会革命の認識への思想史的発展の前段階として、脚光を浴びて立つべきものと思われるものである。それはマルクスの『経済学批判』の序文にある唯物史観のいわゆる「公式」を紹介し、「時勢之変の著者それ自身が既に此の如き史観に傾けるに心付かれたるなるべし」と宣言していることである。もちろん、この時は明治四十三年の暮、博士三十二歳のときの社会観の一つの着眼点であった。けっきょくは、『貧乏物語』における社会改良的・社会政策的立場を経過せずしては、唯物史観と科学的社会主義の立場にまで進み得なかったのであり、「抜くべからざる人道主義的理想主義」を内包しつつも、なお二十年の長年月にわたる思索的な悪戦苦闘を経ねばならなかったことを知らねばならない。

『時勢之変』は博士の「思想の変」

当時すでに資本主義の発達のもとに、国際的にも国内的にも、多くの矛盾が育くまれ、貧富の懸隔が甚だしくなるし、労働問題・婦人問題などを含めた深刻な社会問題が惹き起され、その自由的な解決方法として階級闘争や社会主義などが必然的に勃興するということを論じ、ことにマルクスの『経済学批判』を掲げ、いわゆる唯物史観の公式なるものの一部を訳載し紹介しているのである。もちろんすでに明治三十八年、二十七歳のとき、セリグマンの『新史観—歴史の経済的説明』という訳書を公刊して唯物史観を紹介しておるけれど、『時勢之変』においては自分の考え方が唯物史観に傾いていることを告白しているということにおいて、本書は博士の「思想之変」を示唆した論著である。ここでは『貧乏物語』以前に、すでに貧乏問題は、深く博士の心を捉え、経世家的思索と方策とは、学者としてまた人間としての博士の中心的課題ともなりかねまじき情熱を示しているのである。そして資本家と労働者との区別と対立とをハッキリさせ、「資本家

社会主義の問題を重要視する

矛盾調和論は強兵主義的・愛国主義的である

と労働者との争闘は即ち階級闘争にして、階級闘争を煽動する者は即ち社会主義者たり、之を調和する者は即ち社会政策たり」（一一六ページ）と説明し、今の時代は両階級とも「対抗の態勢を備え」、「経済的闘争」であるとの理を論じている。

かくて社会主義の問題は、時勢の変を論ずるに当って重要なる要目に属すると論じている（一二〇ページ）。博士は本書で思想界の大勢として、第一進化主義、第二物質主義、第三破壊主義の三個を挙げて批判し、この調和すべからざる矛盾を調和するための最後の努力をすべきこと、そのためには「国として強きは其の国民に能く共同の思想存すれば也。其の共同の思想が強く共同の感情、共同の信仰と化し、従つて一朝事ある時は能く所謂挙国一致の実を挙げ得る」（一七〇ページ）と結論している。このように新時代の矛盾した新問題に取り組みつつも、本書の調和論は、明治末期における強兵主義的・愛国主義的・国士的ナショナリズム・経世家的気風等を示している。このような処理の方策も、当時日本の一般的な思想的段階として、博士の思想にもその歴史的な混在から免れることはできなかったということを認めなければならぬのである。

三　『経済と人生』

本書に収録された論文のうち、明治四十四年二月『中央公論』に寄稿した「日本独得の国家主義」と、同三月『京都法学会雑誌』に掲載した「政体と国体」という二つの論文は、若くして郷国の大先輩吉田松陰を崇拝したという博士の国家主義・愛国主義の立場を端的に示したものである。それは日本国家の特質を解明し、日本の国家主義的文明とその倫理、西洋の個人主義的文明とその倫理とを比較し、日本的愛国道徳と国家主義的人道主義は、国家が目的であって個人はその手段であるが、ここに滅私奉公的な利他主義を成立せしめるとし、西洋の個人主義的人道主義と西洋的商業道徳とは国家を手段として個人が目的であるところに

国家は目的で個人はその手段である

西洋の個人主義と日本の国家主義

西洋的な倫理観が成立する。このような東西文明の異質的な倫理的相違を認め、個人主義と国家主義、愛国道徳と商業道徳との矛盾を調和することが必要であると論じているのであるが、けっきょくは日本独得の国家主義の強調が甚だしく異常であるところに『貧乏物語』以前の思想の傾向の特長があるといえるのである。

西洋は民主国、日本は国主国

日本の思想界は明治三十七・八年日露戦争の勝利の影響によって西洋文明必ずしも恐るるに足らずと考えるに至り、それまでの西洋文明の盲目的輸入期を脱して、自覚的に東西文明の調和・統一を計るべき転機に達した。西洋の天賦人権の思想にたいして日本は天賦国権の思想がある。西洋の民主国にたいして日本は国主国である。「日本は神国なり。国は即ち神なりと云ふこと、これ日本人一般の信仰なり。」（二九二ページ）「けだし日本人の思想によれば国家は至善のものにして且つ万能のもの也。」「日本人の神は国家なり。而して天皇は此の神たる国体を代表し給ふ所の者にて謂はば抽象的なる国家神を具体的にしたる者が吾国の天皇なり。

天皇は即ち神人なり

故に日本人の信仰よりすれば皇位は即ち神位なり、天皇は即ち神人なり。是れ帝国の憲法に、天皇は神聖にして犯すべからずと明記しある所以(ゆえん)にして此の一条の明文は即ち日本国民の信仰箇条中最も重要なるもの也」と論じ、さらにまた「日本においては国家と天皇とは一体にして分つべからず、而して国家は吾等の神なるが故に、天皇は即ち神の代表者たり。故に吾国に在りては、愛国が最上の道徳たると同時に、其の愛国と云ふことは軈(やが)て忠君と同義なり。知るべし、日本民族の特徴は忠孝の一本に非らずして愛国と忠君との一本に在ることを」(二九六ページ)。そして「極言すれば、西洋に在つては国家は人民の奴隷にして、日本に在つては人民が国家の奴隷たり」(二九一ページ)で、日本人の信仰によれば、人民は国家にたいしてのみ没我的である(三二七ページ)。佐藤信淵が一切の土地資本を公有と為し一切の産業を公営とすべしと主張しても、それは西洋流の個人主義の上に立つ社会主義ではなく、「国家の為め」という点に根本精神を異にする。鉄道の公有や諸種の資本の

日本民族の特徴は愛国と忠君との一本

日本人民は国家にたいして没我的

一切の政策は国家本位

公有も、工場法の制定も、労働者の人格を尊重し労働者階級の階級的利益を増進するということを本来の目的とするのではなく、「国家産業の健全なる発達の為めに」必要であると思惟せらるるがためである(三一〇ページ)という。

没我の立場から国家至上主義を主張している

このように「日本独得の国家主義」から、国家主義的な義務道徳が基礎づけられ、同時に滅私奉公的な利他主義の観念が結びつけられ、ひいては天下の公器に値いする行動や絶対的非利己主義という博士の中心的な思想が、西洋流の天賦人権論や個人主義と対照されつつ述べられている。したがって『経済と人生』という著述は、一方において京大赴任後の博士が、三十三歳ごろに国家至上主義的・

愛国の情熱に満つ

超国家的な思想の持主であったこと、その基底には、後年になっても変ることのなかった「附け焼刃的なものでないところの」愛国的情熱が一貫して流れていたことを如実に示すとともに、他方においては、その時点に自らの懐く思想を、つねに何ら偽ることなく、憚ることなく大胆・勇敢に公表する思想家・学者としての態度や学風をよく示しているものとして記録に値いするのである。

四　留　学

欧州留学中博士に推薦さる

大正二年(一九一三)九月に博士は、満二ヵ年の予定でヨーロッパ留学を命ぜられ、十月二十五日に神戸港を解纜(かいらん)した。数え年三十五歳であった。留学中、大正三年七月末の第一次世界大戦の勃発とともに、留学の予定期を短縮してロンドンから帰国の途につき、大正四年(一九一五)二月二十六日に日本に還ってきた。留学中の大正三年十月に法学博士を授与され、帰国した年の三月に教授となり「経済学史」を担当することになった。留学中に新聞・雑誌に書き送った感想・見聞をまとめて『祖国を顧みて』と題してその年の十二月に公刊した。留学中の足どりを辿(たど)ると日本郵船会社の航路で神戸からベルギーのアントワープが最終寄港であるから、そこから首都ブラッセルに大正三年一月に到着したわけである。筆まめな博士は

三浦梅園の『価原』の翻訳

ベルリンで世界大戦に遭遇する

二月七日にブラッセルの下宿で「西洋文明の分析的性質」という論文通信の上篇を脱稿し二月二十日にはパリでその下篇を脱稿し、さらに三月十六日にはパリでその「補説」を脱稿した。パリでは三月二日に「巴里最初の印象」をも書き送っている。さらに五月にはベルリンでさらにもう一つの「補説」を脱稿し、ヨーロッパの生活・風習・考え方の日本との相違を通信した。六月にベルリンで徳川時代の経済学者三浦梅園の『価原』の独訳に取りかかったという（この『価原』には、悪貨は良貨を駆逐するというグレシャムの法則と同じ思想が述べられてある。梅園はアダム＝スミスと同年（一七二三）に生まれて、一年早く（一七八九）死んでいる）。ところが八月二日に、ドイツの対ロシア宣戦布告に際会し、その当日の素晴らしい愛国的感情の勃発した光景を目撃して頗る深い印象を与えられたようである（「当夜の伯林」一七二一―四ページ）。そのうちに、日独開戦の危機が迫ってきたが、『価原』の翻訳をつづけたいし、戦時経済の大実験の最中でもあるし、ベルリン居残りを決心したが、八月十四日に形勢一変し大使館からは今後送金の見込は断然無いから一刻も早く立退けと通達があり、生命の危険もあるので、宿へ荷物を預け、小さなスーツケースを持ったきりで八月十五日にベルリンから「夜逃げ」し、汽車でオランダの首都ハーグを経て十九日の夜にロンドンに着いた。開戦当座のロンドンの模様や、英独の国民性・風俗習慣・生活・考え方、要するに文化の特質と相違を、九月から十二月に亘ってロンドンで執筆したり、イギリス南部の農村で執筆したりして、不断に日本人留学生としての観察を怠ることがなかった。この留学中の通信には、文才と詩情の豊かな博士の姿が遺憾なく発揮されている。

ベルリンよりロンドンへ

この留学通信とともに博士の生涯と思想について記憶すべきことが二つある。

日本国家と国民への熱愛をもって一貫す

その一つは、博士の日本国家と国民とにたいする熱愛の情が依然として濃厚であること、日本人が神代の昔に血液の大混合を経た後、二千五百年来「血液の純潔を維持し、」「万世一系の皇室を奉戴して居ると云ふ事、」「日本人独特の鞏固な

島崎藤村に逢う

る国民性を有ち得たこと、」「日本人位優等人種成立の条件を完全に具備した者は、東洋は勿論、全世界に於て其例を見ぬのである。」（『祖国を顧みて』九三―四ページ）という超国家主義的の信念の強烈さを貫いていることである。他の一つは、少年時代以来愛読していた『若菜集』の著者島崎藤村とパリではじめて逢ったことで、つぎのような感想を書き送っている。「島崎藤村君の宿を尋ねて行く。……藤村君の初めて出された詩集は、私が二十歳足らずの頃、高等学校時代に頻に愛読したものである。大学に入つてからも其を東京に持つて出て四年の間、下宿の隅の書棚に所蔵したものである。因縁浅からずと覚ゆるものから、大学を出て三年目、殆んど一切の蔵書を売り払つた時も此詩集のみは残し置き、其後又三年目、東京より京都に移る時多少の蔵書を片付けたる折も亦此書のみは残し置きしに、……今や計らずも巴里に来て此慣染深き詩集の著者に逢ふ訳である。実は一度も逢つた事はないが、私から云へば少年の頃から既に久しく知つてゐる方のやうに思はれるので、無礼をも顧みず、突然今日お訪ねするのである。幸いにして快く吾等両人を迎えられ……云云」（同、二五八ページ）とある。

竹田省の書いた「欧州留学時代の河上さん」の中に、和服姿の藤村が、いつも持参の茶器で玉露を入れて「自分ら二人」をもてなしたという回想の一節があるから、ここで博士の「吾等両人」というその一人は竹田省博士である。何れにしても、文学趣味や詩人的・耽美的情緒に豊かな博士が異郷において藤村を訪ね、お茶のもてなしを受けて語り合ったり、パリの街を下宿屋を探しつつ、ともに歩き廻ったことは、博士にとっては定めし楽しかったことであろうと想像されるのである。

五　教授として

大正四年の春、海外留学から帰ってきた博士は、初めて京都帝大の教授になり、一講座を持つことが出来た。しかし経済学研究に志した初めから最も興味を感じていた経済原論は先輩教授の田島錦治が担当していたので、博士は経済学史の講

ブルジョア経済学を講義する

座担当ということになった。しかし翌大正五年からは一週二時間、選択科目として、経済原論の一部、分配論の講義を受持った。「その当時の講義案を見ると、私はボェーム・バヴェルク・タウシッグ・クラーク・カーパア・フィシャア・カンマンズなどといふブルジョア学者の学説を紹介してゐるだけで、マルクスの学説には殆ど触れてゐない」(『自叙伝』一)のである。

明治三十八年に公けにして『経済学原論』でも、「そこにはもちろん、マルクス主義経済学の片影すら宿されてゐない。……その後、京都帝大に奉職するやうになつてからも、明治四十四年には、ピエルソンの『価値論』を翻訳し、フェタアの『物財の価値』を抄訳し、同四十五年には、フィシャアの『資本及利子歩合』を抄訳してゐるが、これらは言ふまでもなく皆なブルジョア経済学の範疇(はんちゅう)に属するものである。大正二年『経済原論』の名をもて公にした価値論も、やはり同じ範疇に属するもので、言はば、私がそれまでに学びえたブルジョア経済学の価値論の集大成であつて、ここでもまだ、マルクス経済学の影響は絶対にない。」（『自叙伝』一）のである。

「講義」と「研究」との一致を得る

博士の回想によれば、そのころ京都大学では学校の都合次第で、教授になるまでは経済史でも、貨幣論でも、交通政策でも、時には政治学のようなものでも担当させられたとのことで、博士は経済原論担当志望であったが、経済学史を担当させられたり、本庄栄治郎氏が責任担当者となるまではそのほかに経済史の講義も受け持たせられ、「講義の準備に大半の時間を費すことを多年の習慣としていた」のである。大正五年以後、田島錦治と博士とは隔年交替に原論と経済学史との講義を担当することになり、はじめて「講義」と「研究」との一致をかち取ることができたとのことである。そのために熱心に『資本論』にかじりつくことが出来た。しかし万事スローモーションを自認している博士は次ぎのように言っている。博士が大学生であったころ、すでに田島錦治は『最近経済論』という著書

恐る恐る『資本論』に近づく

の中でマルクス学説の大綱を紹介したり、福田徳三も早くから『資本論』について論じている。博士が『資本論』に本格的に近づいたのはこれらの先輩学者に比して遙かに立ち遅れていた。「最初ブルジョア経済学にかぢりついてゐた私は、どうしてもそれに満足することができなくなったので、ずっと遅れてから、恐る恐る『資本論』に近づくやうになつた。」とさえいっているほどである。田島錦治との交替隔年講義によって、はじめて『資本論』に時間を注ぎうるようになったが、一足飛びにブルジョア経済学からマルクス主義経済学へ乗り移ったのではなかった。大正十二年から十三年にわたる経済原論の講義案を見ても、その編別は一般に行われているブルジョア経済学と何ら変るところもなく、「すでに少なからずマルクス主義経済学の影響を随所に示しながらも、その根本の構成においては『資本論』における研究の方法、叙述の仕方と、全然無縁なものとなつてゐる」のである。博士の講義の編別および内容が、大体において『資本論』の解説のようになったのは、その翌年大正十四年度の講義からであり、編別も内容もすっかり『資本論』の解説そのものになったのは、昭和二年九月から翌三年三月にかけての講義からである（この講義案は、後に『経済学大綱』の名をもって、改造社の「経済学全集」第一巻に収められた）。「ところが、偶然にも、この講義を終えた翌月には、私は大学を退かねばならなくなつたので、結局、私の経済原論の講義は、当時の大学で一般に行はれてゐたブルジョア経済学から出発して年々変つてゆき、最後にはどこの大学でも類例を見ぬやうな『資本論』の解説そのものとなり……これから先きは、もはや変ることも出来なくなつた瞬間に、私は講壇から去つてしまつたのである」（『自叙伝』一、一八二ページ）。

博士の経済学研究の径路―ブルジョア経済学からマルクス経済学へ

これが河上肇博士の、京都大学における経済学研究の経路であった。このような経済学思想の変遷の過程を『経済学大綱』公刊に際して、博士は次のように要約している。

経済学研究の経路

> 要するに私は、最初ブルジョア経済学から出発して、多年安住の地を求めつつ、一歩一歩マルクスに近づき、遂に最後に至つて、最初の出発点とは正反対のものに転化し了へたのである。かかる転化を完了するためには、私は京都大学で二十年の歳月を費した。このことは、私の魯鈍を証明するに外ならぬが、しかしまた、私の現在の立場をもつてマルクス説に対する無批判的な盲信に立脚するものとなす一部の世評に対し、或は一つの抗弁となすに足るであらう。顧みれば、マルクス学説への私の完全なる推移は、軽蔑に値するほどの多年に亘る躊躇と折衷的態度との後に、纔に実現されえたものである。だが、思索・研究の久しきを経て漸く茲に到達しえたる代りには、私は今たとひ火にあぶられるとも、その学問的所信を曲げがたく感じてゐる。

このように率直に、自己を反省し、自己を認識し、生命をかけて堂々と公言しうる学者や人間がそう多くこの世にいようとは思われない。それでこそ後年になって、博士は「私は足掛け五年の獄中生活を了へ、還暦近くなつて漸く再び娑婆に出ることが出来たが、幸にして嘗ての広言を裏切らずに済んだ」（『自叙伝』一）と誇りをもって言い切ることができたのである。

大学教授としての博士が如何に真面目で良心的で、そして教授として立派であったかは、博士の愛弟子（まな）の一人、長谷部文雄氏が、たくまずして語っているところによって感得しうるのである。

学生時代にタウシッグ『経済学原理』の翻訳を指導していただくために毎週一回、先生の研究室に出入りしていた当時のことである。それは先生の講義のある日、その講義の直後一時間くらいだったと記憶する。ある日のこと、学校に行ってみると先生の休講の掲示がでているので、私は研究室をたずねないで帰った。そのつぎの週の当日に研究室へうかがうと、——先週は待っていたのに来ませんでしたねと言われるのである。御休講だったので御工合でも悪いのかと思ってと申上げると、いや、どうしても講義のノートができなかったので休講したが、研究室にはちゃんときていたのです、とのことであった。これは大正十年のことであって、先生の原論はまだほとんどブルジョア経済学、講義ノートが最も安定していた時代の話である。かけだしの教師ならばノートができぬので休講することはありがちで、私などよくやったことだが、すでに完成したブルジョア経済学体系をもたれ、何回もくりかえされたノートが不満だから休講するということは先生がいかに真剣な講義をされたかという一つの証拠であろう。先生はどんなことでも間にあわせをやれない人であった。(長谷部文雄『資本論随筆』一二八ページ)と。「一斑を知って全豹を窺うに足る」という言葉があるが、まことにこの通りであろう。『経済学大綱』の序文には博士の講義についての準備・態度が次ぎのごとく述べられてある。「私は右(京都帝国大学)の大学にほぼ二十年間在職したが、講義のためには年々稿本を改めることを習慣としてゐた。たとひ内容には変化を加へない部分でも、新しくそれを書き直してノートのインキが鮮かになつてゐないと、私は元気よく講義をすることができなかつた」と。京都大学を退いてから、上京する前頃、大阪四貫島セットルメントで催された労働学校で「プロレタリア経済学」を毎月二日ずつ講義を依頼されたことがあったが、その講義案の序言としてやはり、同じようなことを書いている。「私は京都帝国大学において、殆んど二十年近く講義してゐたが、毎年必ず講義案を新たにすることを常とした。そして学生諸君に対しては筆記を省略して貰ふ部分でも——すなはち筆記のあひまに本文の説明をなす部分でも——自分のノートには言ふべきことの総てを予め文章として認めてゐた。

二十年間に亘る斯る習慣のために、私は今でも大衆に向つての演説にすら予め草稿を作ることを原則としてゐるので、もちろん四貫島での講義のためには、口で言ふがまゝのものを予めノートに作ることに決意した」（『社会問題研究』第百冊）と。博士の学風を実証するものである。

博士の人となり

京大における博士は「教授」として優れた教授であり、「学者」として立派な学者であったばかりでなく、学生にとって「良き教師」であった。博士は学生時代に東京帝大の「恩師」松崎蔵之助が弟子としての博士に就職の斡旋をしてくれたとはいえ、学問的には指導されたことはなかったばかりでなく、私用のために書生のように使い廻されたほか、論文の代作や講演の速記をさせられたり、その訂正さえもしてやるという不愉快な師弟関係であった。それに反し、自分が京都帝大の教師としては、学生にたいして「師匠の流儀」と正反対に事を処した。博士は言う。

在職二十年にわたる期間に、多くのいはゆる弟子をもつたことであるが、それら若い人

就職斡旋の態度

門下生にたいする態度

達のために職業や地位の周旋をしたことは、嘗て一度もなかつたと云つてよからう。もちろん、一定の人を学校やその他の研究機関などに推薦した経験はあるが、しかしそれは大概その学校や公の機関の利益を思ふてしたことで、――よしや個人の為めを考へたにしろ、それは広く学界のために其の人の才を惜しんだからのことで――決して当人の衣食の為めを思ふてしたことではない。だから当人は世話になつたつもりで居ても、私の方では、最初から恩に着せるといふ意識はなく、後では殆んど忘れてしまつてゐるやうな場合も少くない。自然、私は、職業を得、地位を得るといふ立場から眺められると、甚だ冷淡な、どうかすると冷酷とすら思はれる教師だつたに相違ない。殊に自分の関係してゐる大学に人を推薦する場合は、大学の興廃の大半がこの一事に懸つてゐると確信してゐた為めに、私は極度に厳格な態度を採り、どんなに懇意にしてゐる間柄であらうと、その人の希望を顧慮したことなどは、絶対になかつたと信じてゐる。（『自叙伝』五）

と述懐しているが、世話になった門下生の人々は、もちろん博士の斡旋・紹介・推薦によって職を得、地位を獲得したことにそれぞれ感謝しているとしても、博士の主観からしては、このような処置を採ったのであった。「だから、頻りに門

はしがき

故人の形見として僅かばかりの部數を印刷した此の册子のうち、その第一部および第二部は、彼が大正十二年から十三年の春へかけて書きおろし、當時友人に見て貰つたものゝ中から、新たにその若干を拔き取つたのです。第三部は、彼の死後その書齋で發見されたノートに書きのこしてあつた詩や日記やの一部と、生前彼が友人に送つた書翰のうち新たに入手し得たものとを、纂めたのです。明治三十六年九月十日東京に生れた彼は、京都に移住してから、明治四十四年に初めて心臓内膜炎を病み、そのをり不治の疾患を得ました。大正八年から九年にかけ、重ねて心臓内膜炎を起し、大正十年から十一年にかけ、三たび同じ病に冒され、ことし大正十五年

—1—

の河上肇序文

の春、四たび同じ病に惱まされ、遂に九月十一日の未明に再び起ち能はざるに至りました。かくて殆ど病魔との戰ひに其の一生を費してしまつた彼れの果敢なき生涯――それを悲むのあまりに、恐らく彼の意志に反するだらうと考へながらも、茲に斯かる冊子を印刷して、みづから追憶の情を慰むる次第であります。大正十五年十月八日、四七日忌の當日、河上肇しるす。

—2—

『河上政男遺稿集』

下生の生活上の世話をしながら、それらの門下生を家来のやうに扱つて、これに封建的な義務を感ぜしめる流儀の大学教授を見ると、一種の憤懣さへ感じる。」(同上)というほどだから、愛弟子に対する博士の心構えが分明するわけである。そして「職業や地位の周旋こそしなかつたが、その代りに、私はよく他人の論文や訳文の面倒を見た。ことによると、私はさうした仕事のために、同僚の誰よりも遙かに多い時間を犠牲にしたであらう。さうした方面では私はかなりな親切な教師であつたと自負してゐる」(同八五ページ)。まことにその通りであったことは、就職の斡旋についても多くの事実をもって証明することができるのである。

博士夫妻の生涯における最も傷心の極みは、大正十五年に令息の夭折したことであった。このことについては、当時家庭教師をしていた寿岳文章氏の回想に詳細であるが、このような一節がある。

……かうして二十六歳の教師と二十二歳の生徒とは、毎週土曜日の午後三時間あまりを

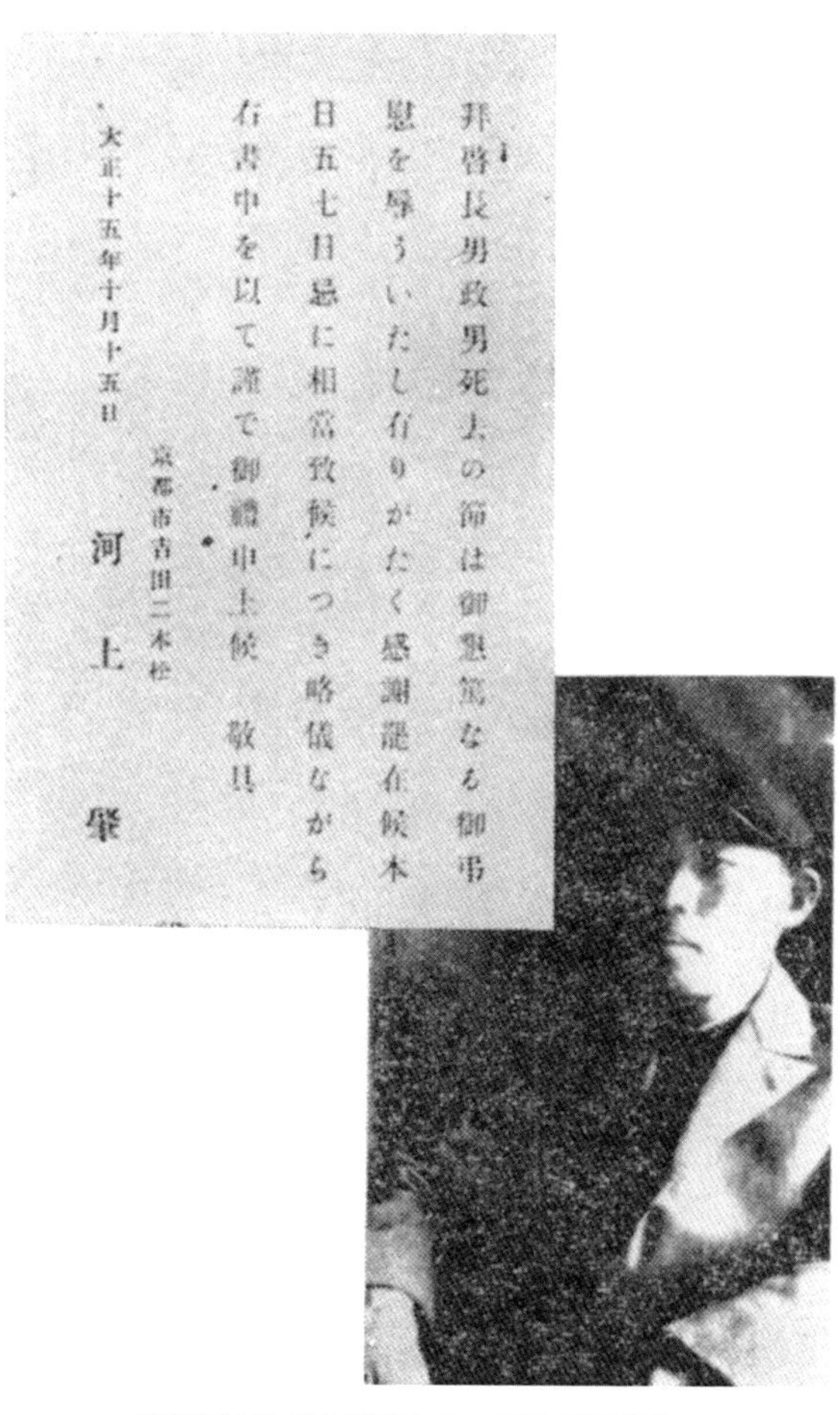

拝啓長男政男死去の節は御懇篤なる御弔
慰を辱ういたし有りがたく感謝罷在候本
日五七日忌に相当致候につき略儀ながら
右書中を以て謹で御禮申上候　敬具

京都市吉田二本松

大正十五年十月十五日　河上肇

長男河上政男の写真とその五七日忌謝状

共に送つたのであるが、私は最初から政男君の魂の打ち込み方に感心した。始めに選んだテクストはペイタアの『ルネサンス』であつた。あれはよほど出来のよい高校生でも、さうすらすら読めるしろものではない。それを政男君は、一回三十頁の平均で下調べしておく、しかも解釈には殆ど間違がない。永い闘病生活の合間々々に発揚した同君の不屈な負けじ魂がこの見事な語学力の修得となつたのであらう。両親の喜びも大きかつた。……翌大正十五年の四月、……その頃から同君の健康はすぐれず、再び臥床状態が続き、九月十一日の未明、永眠してしまつた。八月の二十日、心臓弁膜に生じた粟粒大の腫物の一つが血液に混つて脳を侵したため、半身不髄となり、意識不明に陥り、そのまゝの状態で臨終を迎へたとの事である。博士夫妻の悲傷と落胆は見る目も痛々しかつた。

（同氏、『河上肇博士のこと』一六―八ページ）

そのころわたくしは学友小林輝次氏から、博士が令息をいとおしんで、その病床に付き添い、長い間足を撫でてやっている様子を伝え聞いていたので、博士夫妻の「悲傷と落胆」とを想像することができる。

六　『貧乏物語』

『貧乏物語』は大正五年九月十一日から十二月二十六日まで、大阪朝日新聞に断続して掲載された随筆的な論文で、博士特有の低徊（ていかい）趣味の豊かな、説得力のある暢達（ちょうたつ）な文章であったため、『朝日』数十万の読者を魅了（みりょう）し去ったのみでなく、博士の文名をして高からしめたものである。翌六年二月にこれを単行本にまとめて公刊したが、初版の序文に博士自ら本書の特質を述べている。

今日までの最上の著作

> 過去十数年間私はいろ〳〵な物を書いたけれども、此論文ほど纒ったものは無い。自分では之が今日迄の最上の著作だと思ふ。
>
> 人は麵麭（パン）のみにて生くものに非ず、されど又麵麭なくして人は生くものに非ずといふが、此物語の全体を貫く著者の精神の一つである。思ふに経済問題が真に人生問題の一部となり、又経済学が真に学ぶに足るの学問となるも、全く之が為で有らう。

孔子の立場に立って論ず

> 余は此物語に於て、正に孔子の立場を奉じて富を論じ貧を論ぜし積である。一部の経済

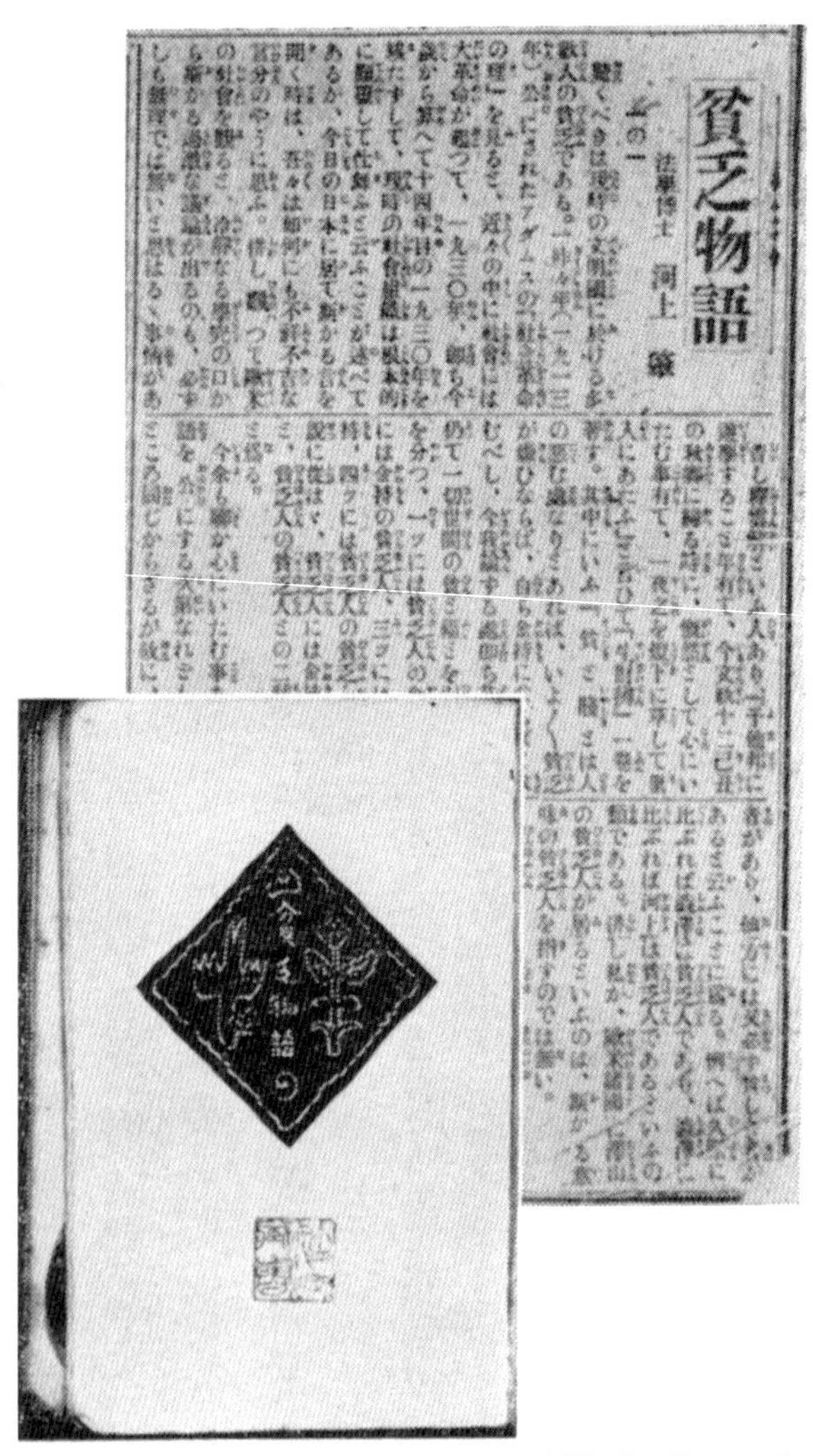

貧乏物語

法學博士　河上　肇

その一

驚くべきは現時の文明國に於ける多數人の貧乏である。一昨々年（一九一三年）公にされたアダムスの『社會革命の理』を見ると、近々の中に社會には大革命が起つて、一九三〇年、即ち今から算へて十四年目の一九三〇年を竢たずして、現時の社會組織は根本的に顛覆して仕舞ふと云ふことが述べてあるが、今日の日本に居て斯かる説を聞く時は、吾々は如何にも不祥不吉な言分のやうに思ふ。併し翻つて歐米の社會を觀ると、冷靜なる學究の口からも斯かる過激な議論が出るのも、必ずしも無理では無いと思はるゝ事情がある。

『貧乏物語』（大正５年１月１日『大阪朝日新聞』）及び扉のカット

学者は所謂物質的文明の進歩――富の増殖――のみを以て文明の尺度と為すの傾あれども余は出来得るだけ多数の人が道を聞くに至る事を以てのみ、真実の意味における文明の進歩を信ずる。

富なるものは人生の目的――道を聞くという人生唯一の目的、只その目的を達する為の手段としてのみ意義あるに過ぎない。而して余が人類社会より貧乏を退治せんことを希望するも、只その貧乏なるものが此の如く人の道を聞くの妨げと為るが為のみである。

貧乏退治は「道」を聴くためのもの

これら数節の抜粋によって、ほぼ『貧乏物語』の公けにされた意味と、河上博士の理想主義的・孔孟的人道主義の思想的な立場――人生哲学――がはっきりしていると思う。これまで紹介してきた博士の多くの著書に一貫している日本国家と国民への愛情、それは「朝に道を聞かば夕に死すとも可なり」という突きつめた人生唯一の目的に向って押し進めようとする態度、経済学も要するに人々が「道を聞く」ことの妨げにならぬように、貧乏退治の方策を講ずるための手段であり、「道」にしたがって奢侈を抑制することが貧乏を根絶する良策であると主

朝に道を聞かば夕に死すとも可なり

日本社会への警鐘であった

張するのである。注目すべきことは、博士が貧乏問題に取り組んだ良心的・現実的態度であり、その第一ページから現実の貧乏を直視していることである。

驚くべきは現時の文明国に於ける多数の貧乏である、一昨々年（一九一三）公にされたアダムス氏の『社会革命の理』を見ると、近々の中に社会には大革命が起つて、一九三〇年即ち今歳から算へて十四年目の一九三〇年を待たずして、現時の社会組織は根本的に顚覆して仕舞ふと云ふことが述べてあるが、今日の日本に居て斯かる言を聞く時は、吾々は、如何にも不祥不吉の言分のやうに思ふ。併し翻つて欧米の社会を観ると、冷静なる学究の口から斯かる過激な議論が出るのも、必ずしも無理では無いと思はるる事情がある。英・米・独・仏、其他の諸邦、国は著しく富めるも、民は甚しく貧し。げに驚くべきは是等文明国に於ける多数人の貧乏である。

と。この冒頭の書き出しこそ、当時の日本への警鐘であったと思われる。資本主義が発達すれば必ずこれに伴って、その半面に貧乏が伴うのが社会・経済の発展の法則である。第一次世界大戦を契機として日本も世界の一環として同じ現象が

時代に先駆した二人の学者―河上肇・吉野作造

現われていた。これを正面から、本格的に一つの問題提起の形で採りあげ、論評したことは博士の良識であり、卓見であり烱眼のいたすところであろう。大内兵衛氏はいう。

当時、この良識を持して天下に呼号するものは誰であるかはもとより未知であつた。そしてこれを社会主義の人々に期することができなかつた。といふのは、幸徳事件以来ひどい弾圧をうけてゐたため、時流に乗じて直ちに起き上つて雄叫をあげる用意は、彼らに、まだ熟してゐなかつたからである。いはんやその他の人々においては、ただ問題の前に右往左往するだけであつた。この時、「貧乏」の経済学は、象牙の塔から街頭へ送られねばならなかつた。（『貧乏物語』岩波版、解題）

大内兵衛氏はここで附言していう。

それはあたかもデモクラシーが民本主義の名において市民に迎へられたのと同じ気運であつた。即ち吉野作造博士が「憲政の本義を説いて其有終の美を済すの途を論ず」の一篇を中央公論に送つたのも亦この年の一月であつた。あれとこれとは、ともに、日本に

憲政の本義を說いて其有終の美を濟すの途を論ず

法學博士　吉野作造

去年十二月一日より東京に開かれたる全國中學校長會議に於て、高田新文相が特に訓示を與へて立憲思想養成の急務を說きたる事と、水戸中學校長菊池謙二郎氏が却つて大隈内閣の[illegible]と立憲思想との關係の說明を求めて文相は閉口した事とは、著しく世間の耳目を惹いた。訓示の一節に曰く。

從來歷代の文部當局者も中學校長會議に同樣の訓示を發せし事之れまであつたか如何かは、予の明知せざる所なれども、多年野に在りて立憲思想鼓吹の必要を唱へ來りし高田氏の事なれば、今度

吉野作造の論文「憲政の本義を説いて其有終の美を済すの途を論ず」（大正5年1月『中央公論』）

おける世界史的な問題の提起であった。そしてこれよりしてかの社会思想七花八裂の盛観が日本に出現したのである。

貧乏退治の根本方策として

『貧乏物語』本文は、「如何に多数の人が貧乏して居る乎（か）」（上篇）、「何故に多数の人が貧乏して居る乎」（中篇）、「如何にして貧乏を根治し得べき乎」（下篇）の三篇に分って論述している。最初に、貧乏の意味をいろいろと分析し解説し、今日の文明国において、石川啄木の歌ったように〝はたらけどはたらけど猶（なお）わが生活（くらし）楽にならざりぢっと手を見る〟というような一生を終る者が如何に多いかを論証している。ついで中篇ではこの多数の人が貧乏しているのは、㈠現在の社会組織が維持されているかぎり、㈡社会に甚だしい貧富の懸隔の存するかぎり、㈢富者が其の余裕あるに任せて、みだりに各種の奢侈（しゃし）品・贅沢品を購買しつづけるかぎり、到底貧乏は根絶し難いことを指摘した。下篇では貧乏根絶のための三つの方策を示し、㈠世の富者が自ら進んで一切の奢侈・贅沢を廃止すること（これは人心

道徳的抑制と人心改造論

の改造論である)。㈡何らかの方法を以て貧富の懸隔の甚しきを匡正する（これは社会政策である)。㈢各種の生産事業を、私人の営利的経営から移して、軍備や教育のように、国家経営とすること(これは社会主義社会改造論である)。このうちで博士は実際に採用して有効な根本的なものは、社会政策や社会主義よりも、第一の方策として挙げた奢侈の廃止、すなわち、道徳的抑制であり、人心の改造であるとしているのである。

人道主義の説教に近い

実にこの長い物語を一貫した思想は、孔孟的な人道主義の精神であった。つまり貧乏の経済学は人道主義の経済学であり、経済学というよりも人道主義、あるいは倫理学の説教に近いものであった。それは道徳的抑制が、全人類の貧乏を根絶するものであり、公共の利益に合致するものであり、その思想の根底をなすものは、博士が若き日の無我愛時代からその解決に立ち向ってきた課題としての利己心の克服と、絶対的非利己主義への昇華であり、利己主義の経済から利他主義の経済への転化であり、それは道徳と経済との調和、倫理学と経済学との統一であった。そこには堺利彦の批判にあるような「抜き難き人道主義の病」(『唯物史観の立場から』)の本質が窺われるのであるが、博士は、当時この著書をもって、「自分では之が今日迄の最上の著作だと思ふ」と述べているのである。大正八年に三十版をもって博士は本書を自発的に絶版に附したのみか、後年になって、『貧乏物語』がわが国の学問思想史における古典的な意義があるものとしてその復刻の交渉をしたのも堅く拒(こば)んだ。その後になって博士の思想・学説がマルクス主義に転移したが、博士の主観的意図とは別に、本書の博士における思想的地位の重要な意義を認めなければならない。

七　マルクス主義への道

河上博士のマルクス主義学者としての思想的な特質は複雑ではあるが、著書を通じて二つの方面から近接することができる。その一つは「経済」「社会科学」の部面から、他の一つは「道徳」「宗教」の部面から。この二つの部面は、最後にマルクス主義者として、社会科学的真理を確信するとともに、宗教的真理を認めるという特殊なマルクス学者＝マルクス主義者としての河上博士を知る道であり、さらにそれが「特殊なるマルクス主義者」というよりも、むしろ「河上的マルクス主義者」として理解することの方が適切であると考えるためである。

『改版社会問題管見』の意味

大正七年に『社会問題管見』を公刊し、その改版を大正九年に公けにしたが、そのとき、『貧乏物語』のうちから上篇・中篇を原形のまま採り、下篇を殆ど全部抹殺して前篇を『貧乏物語断片』とし、後篇を『社会問題雑著』と名づけて『社会問題管見』のうち数篇を選び、「或る医者の独語」その他数篇を加えたが、この編集のうちに博士の思想的転回を求めることができる。そこでは、博士は貧乏の問題は単なる人心改造のみによっては解決できないという確信に到達していた

「或る医者の独語」

病人的社会には手術の必要がある

のである。「永年の間大病に罹り、弱り果てて居る人間をば、病床に捉へて、無学でいかぬの、修養が足りぬのと言つて攻撃し、直に之に向つて学問を授け道徳を説かうとした所が、其は無理であり残酷である。」(三九四ページ)といって、いわゆる精神主義・理想主義を批判してからつぎのごとく述べている。「そこで吾輩は手術を主張するのである。手術する為には、少しは血が流れる、痛みも感ずる。其は病人にとつて悪い事には相違ない。膏薬や水薬で済ましたいのは山々だが、いくら研究して見ても、盲腸内に宿つた彼の寄生虫は、手術に依つて摑み出す外に、排泄の道が無いから、吾輩は已むを得ず手術を主張するのである。」(四〇〇ページ)。

ここにはマルクス主義的な理論のかけらさえもないが、革命主義者的な情熱は溢れている。この短文について博士は言う。「本篇は、大正八年一月一日の『大阪朝日新聞』に掲載したもので、恰も雑誌的著書とも謂ふべき『社会問題研究』の創刊を決意せし当時に筆を執りしものである」と。したがって、「或る医者の

思想的転回の記念塔

独語」と、同じ年に決意して発刊した『社会問題研究』とは博士のマルクス主義や社会革命という問題と真剣に取り組んだ記念塔であり、博士の思想の転回を辿(たど)ってここに至ると、将来の博士の社会的運命を感じ、何か背筋に短刀を擬せられる思いがする。博士の人生的な転向点の意義がまさに「社会問題研究」誌のうえに見られるのである。貧乏問題・社会問題の解決策として『貧乏物語』で提起した三策のうち、人心改造も社会政策も効果の乏しい方策にすぎないことの自覚に到達した以上、残された道は「或る医者に独語」せしめた手術の実施であり、社会組織の改造であり、社会主義であり社会主義経済学であり、その方向への精進は当然マルクス主義への道である。『社会問題研究』の創刊は、先ず経済学の部面において「愈々ブルジョア経済学に見切りをつけ、腰をすゑてマルクス経済学の勉強を始めようとした」画期的な学問的踏み切りのあらわれであった。そして「これは今後大凡そ毎月又は隔月に一回宛、号を逐ふて公にせんことを予期せる

マルクス主義への道

余の著書であり雑誌である。」

元来、出版で育ったためしのない関西の地京都で、こうした形式の個人雑誌の性質上、博士もその売れ行きについては、毎号二―三千部がつづけばよいと覚悟していた程度で、それがやがて二万部も印刷するに至ったのは、一つの驚きであったことは、弘文堂主人からわたくしも直接聞かされた自慢話である。博士の文名はこれによって真に天下の読書界を風靡（ふうび）したわけで、その影響力を「明治時代」に求むるならば、「学問のススメ」の福沢諭吉である。

『社会問題研究』とマルクス主義

『社会問題研究』における『資本論』と「科学的社会主義」への執拗（しつよう）なる研究は、いくたの誤りや未熟さを示しつつも、博士はつねに堂々の論陣とたゆみなき「自己精算」によって、わが国のマルクス主義経済学界の第一人者となりえたのであった。

つぎに「道徳」的部面においては『貧乏物語』で奢侈（しゃし）抑制という人心改造論を唱えたことが貧乏根絶に効果の乏しいことを認識したとはいえ、博士の人生哲学として、唯心的な人道主義が清算されたわけではない。それどころか、「可変の道徳」と「不変の道徳」とに関する思想と信念においてこゆるぎもしない一貫性を持していた博士が好んで愛誦した一句「竹影払レ階塵不レ動」――（月下微風に揺るる竹影は可変の道徳を意味し、それによって階段の塵の静寂不動の姿は、まさに永劫の道徳であり、永劫の真理である）――という人生哲学は、堺利彦の批判に答えた『社会問題研究』誌の第七冊の論文「可変の道徳と不変の道徳」の底に流れる「抜き難き人道主義の病」と評せられる博士の本質である。博

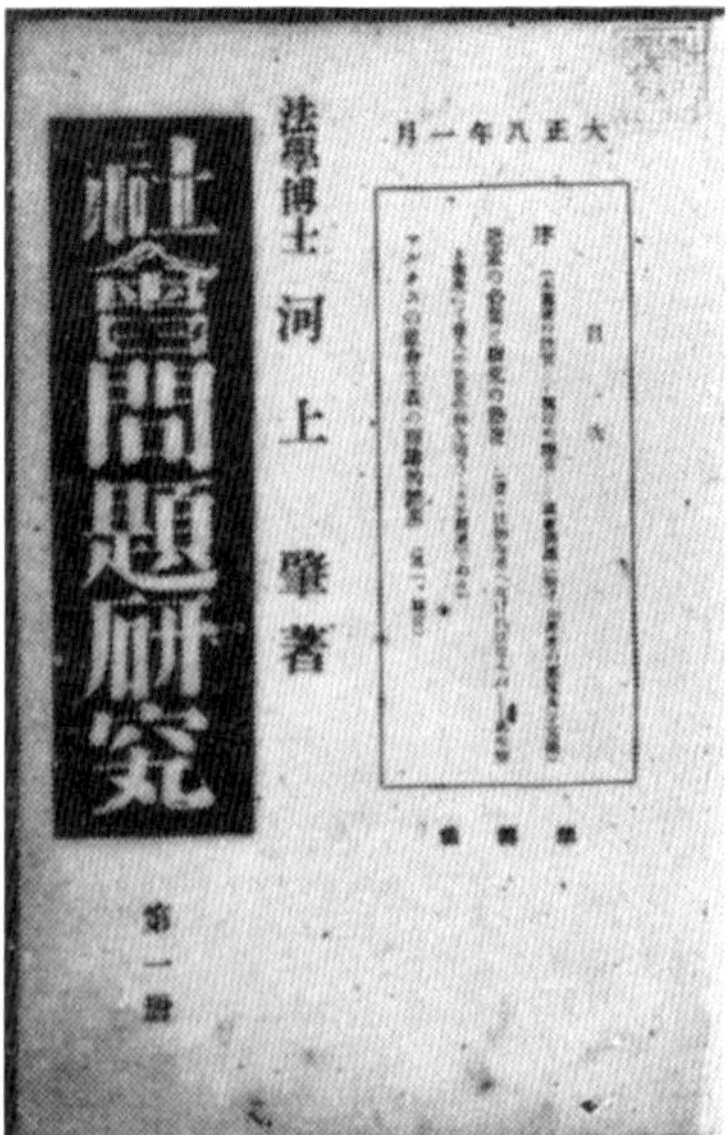

『社会問題研究』第一冊　表紙

不変の道徳を信ずる

士は曰う。「私は道徳の可変性を主張すると同時に、又固く道徳の不変性を信ずる。発して礼儀三百威儀三千となる。その用は変ずべし、その体を離れて何所（いずこ）にか人生あらん。是の故に、社会問題の考察に当り、私は常に道徳乃至宗教を高調する」と。

道徳・宗教と科学とは矛盾せず

博士は、個人が財産を独占する思想を非とする思想を社会主義とするならば、キリストも一個の社会主義者であるが、マルクスは、こういう意味の「社会主義」に「経済学」と「革命理論」の裏づけによって、それを「科学的・政治的な社会主義」にまで進化させたものであり、道徳性を失いつつある社会主義は正しい社会主義ではない、「科学は宗教・道徳と矛盾するものではない」と主張している。その昔、東京で『日本経済新誌』における「社会主義論」に孔孟的道徳を高調し、道徳を無視・軽視する社会主義者を非難した若き日の人道主義者は、この『社会問題研究』誌上においても表現こそ異なっているが、まさに同一の路線を驀進しているものである。ここで新たに「不変の道徳の存在を肯定する科学的社会主義者」として立ち現われ、さらに晩年において、この一筋道は博士をして、「宗教的真理の存在を主張し確信するマルクス主義者」として自己を規定するに至ったのである。そこで、堺利彦によって、博士の科学的社会主義者としての大なる矛盾と不徹底がここにあると批判されたとき、博士は、その意味で「不変の道徳」の実在を信ずることが私の「病」であるならば、「私は到底此病より離るることが出来ぬ」と自信のほどを宣言しているのである。

特殊なマルクス主義者である理由

かくて『社会問題研究』誌において、博士は経済学においては『資本論』研究によるマルクス主義学者への不断の深化を跡づけるとともに、道徳・宗教の部面においては、その不変・永劫の真理を確信しつつ、その二元論的な立場を固守したままに、共産主義者としての実践において、河上的弁証法的統一の自覚において、「社会科学的真理」と「宗教的真理」とを自らに体現する人生行路を辿った。

『社会問題研究』の博士の生涯における意義は、その苦難な学問的・精神的の道への萌芽を内在していることである。

八　論争史概観

京都帝国大学在職二十年間に、明治四十一年から大正七年までの十一年の間は、資本主義経済学を重点とする研究発表であり、大正八年からマルクス主義経済学を本格的に研究しはじめ、昭和三年四月京大を退職するまでの九年間は、資本主義経済の徹底的批判者として立った。『近世経済思想史論』とその展開としての『資本主義経済学の史的発展』は、その学問的道標である。

マルクス経済学の「新たなる旅」へ

大正十三年六月に和歌の浦で療養したころ、マルクス主義経済学を本格的に研究しはじめたことを示したという歌に、「旅の塵はらひもあへぬわれながら　また新たなる旅に立つ哉」というのがあるが、それがためには長年勉強した経済学

学者としての批判と論争の生涯である

『社会主義評論』における批判にはじまる

と、さらにマルクスの弁証法的唯物論という新たなる世界観・哲学をも研究しなければならなかった。かくて西田幾多郎・田辺元などという著名な哲学者の哲学講義をも、肩を低くして聴問したのである。

ヘーゲルとフォイエルバッハを止揚したマルクス・エンゲルスの哲学の研究は、決して容易のものではないが、博士は真剣にそれと取組んだ。その難関突破に伴う到着点は、理論と実践の弁証法的統一であり、それへの道はなお五十歳までの書斎生活とは全く違った未経験の実践の世界が待ちかまえていたのである。

その研究過程においては、福田徳三・小泉信三・土方成美・高田保馬らの反マルクスの経済学者や櫛田民蔵・福本和夫らのマルクス主義学者とも、それぞれの論題で論争を交えねばならなかった

思うに博士は筆を執って世に立った最初から、論争あるいは批判・論駁に始まったのである。『社会主義評論』では当時最高の新しい経済学者との評ある東京

帝大の金井延の講義に対して、それは字々句々すべてドイツのショーンベルヒの経済書の翻訳にすぎず、「甚だしきに至つては其の脚註に至るまで更に一字の増減あるなし」と指摘し、その研究に忠ならざるも甚だしと駁撃したり、京大有力教授田島錦治の『日本現時の社会問題、附＝社会主義』という著書を採りあげ、本文僅かに五十六ページ、附りが三百ページ、しかも附り三百ページは明らかに河上清の執筆であるのに拘わらず田島錦治著としていることは読者を詐くものであると痛撃した。さらに幸徳秋水・堺利彦らの「物質的社会観」や無神論・無宗教を駁し、「科学的社会主義といふも、余を以て之を見れば何の科学的か是あらん、笑ふべきの至りなり」と論じ去り、赤門官学派としての社会政策学会の金井延・桑田熊蔵・戸水寛人等々をば、木下尚江・安部磯雄・片山潜ら社会民主党創立者に比して、「地位の保全、身の安固に汲々たる醜態」であると評したのみか、理論と態度の曖昧さを論駁すること極めて痛烈であったことはすでに周知のことに属する。

博士が大体マルクス主義に立って論戦を開始したのは、『社会問題研究』誌上においてであったが、創刊号も第二号も人道主義的立場と社会改造論との二頭立の馬車ともいうべき形の調和のとれない二元論であった。「社会運動と宗教運動」の二者相衝突すべきものでないこと、「利己主義と利他主義」、「可変の道徳と不変の道徳」等の論文(六冊七冊)は堺利彦の批判への反批判としての意義を持ったものである。大正八年ごろ『中央公論』に論陣を張っていた評論家中沢臨川の「社会改造の哲学」の批判、哲学者北昤吉への批判、福田徳三の唱えた「本当のデモクラシー」なるデモクラシー論への論駁、「資本家的思想の一例」としての、三井銀行の重役早川千吉郎の労働問題観の徹底的批判、福田徳三の「資本増殖の理法」にたいする『社会問題研究』誌四冊、四ヵ月にわたる長論文による論争などは、ことに注目に値いするものとされた。マルクス労働価値説論争は地代論争とともに

マルクス主義の立場からの論争

堺利彦への反論

デモクラシー論争

地代論争

に大正末年から昭和初期における学問的な純理論的な論争としてわが国の論争史上特記に値いするものである。論争の相手は小泉信三・高田保馬（やすま）・加田哲二・二木保幾・土方成美等々であった（論争の文献、向坂逸郎『地代論研究』参照）。

人口論争

人口論争では、博士は大正十五年八月『社会問題研究』七十三冊で「資本主義末期の一症状としての人口過剰のうめき」を発表し、人口過剰の原因、対策に対する世論を批判し、マルクス主義人口理論の歴史的人口法則を解明した。批判の対象となったものは東京帝大教授神川彦松・首相若槻礼次郎・農相町田忠治らであり、つづいて鈴木文治と高田保馬・気賀（きが）勘重両博士の人口論を批判し駁撃した。大正十五年十一月「京大学生検挙事件」に関しては和辻哲郎の所論を批判し（七五冊・七六冊）、

歴史的研究の方法論争

歴史的研究の方法については、本位田祥男・黒正巖（こくしょう）・河津暹らを批判して、社会科学史上の日本歴史学派の抬頭であると批判した（七七冊）。博士の論争史で忘れてならぬことは、昭和二年ごろから博士の唯物史観にたいする理解が誤っている

という批判であり、博士は福本和夫と秋山次郎（是枝恭二）からは痛烈に駁撃され、マルクス学者として親しい櫛田民蔵からは極めて懇切な批判を受けた。

すでに述べたように「社会主義」にたいする博士の関心は二つの方面から窺い知られる。その一つは無我愛に根ざした体験的・思想的の立場から、道徳的にも宗教的にも「利他主義」「絶対的非利己主義」に通ずるものとして社会主義が同感されること、他面においては経済の「公共性」と「天下の公器」としての経済的実践において経済学との結びつきが社会本位的実践として理解された。経済学者としての博士の社会主義思想に、抜き難き人道主義が濃く彩られていた秘密がこうした倫理的・経世的意識にあった。したがって科学的社会主義とその唯物史観とは相当の距離があったことを認めなければならない。博士の唯物史観論がマルクス主義的でないと批判されたことは、けだし当然の道筋であった。

不徹底な唯物史観論

堺利彦の批判

堺利彦の河上博士批判は、わが国の社会主義思想史上、あるいは論争史上、あまりにも有名で、すでに古典的である。博士のこれに対する反論も不変の道徳を確信する立場から社会問題を考察するものとして、依然として「道徳や宗教を高調する」と主張している。

櫛田民蔵の批判

櫛田民蔵はこれにたいし、同じくマルクス主義者でありながら、一方は永久道徳の否定者であり、他方はその肯定者である、どうしたことかと問題を提起し、マルクス主義に立つ「エルフルト綱領」の中には「社会的変革は、ただ無産階級の解放のみを目的とするのでなく、むしろ今日の社会状態のもとに苦しめるすべての人類を解放する」という言葉があるから、マルクス社会主義の主張はけっきょく「人類の解放」である。

人類の解放とは何かマルクス主義は理想主義

その意味からいえば河上博士の「不変の道徳」と相通ずるものがないとはいえない。もしそうならば河上博士は堺利彦よりもっとマルクス的であるといえよう。同時に堺利彦は絶対的道徳の否定論者であるが、社会主義の窮極の理想について突込んでみれば、マルクス的な含蓄(がんちく)において案外絶対道徳に通ずるものをもっているかもしれないという。

櫛田の河上批判は根本的

一応は河上理論の理想主義がマルクス主義者として特殊の意義が認められるといえるのである。といっても博士の唯物史観の考え方がマルクス的だというのではなく、櫛田は「マルクスにおける唯物史観の地位」（『櫛田民蔵全集』第一巻）では、マルクス哲学を弁証法的唯物論として正しく把え、河上博士が、マルクスの『資本論』を経済学の見地からのみ研究するのは正しいことでなく、その基底にある唯物史観の研究を本格的に押し進むべきことを主張した。博士の『唯物史観研究』や「社会組織と社会革命」は櫛田の批評によって刺戟を受けた新しい研究であった。博士の生涯の研究の一つの頂点をなす『資本主義経済学の史的発展』（大正一二年）にたいして、さらに櫛田は、「社会主義は闇に面するか光に面するか」（大正一三年七月『改造』）という論文で河上博士の経済学史を貫く学問研究の方法は、実は「人道史観」であって「唯物史観」ではないと厳しい批判をした。これは博士にとっては甚だ手痛い批判であって、後の博士の「唯物史観に関する自己清算」という長論文への有力な

価値人類犠牲説の誤りを指摘す

動機の一つであった。もう一つ櫛田の博士批判は、博士の労働価値論はマルクスの労働価値説とは甚だしく異なっているもので、いわば「価値人類犠牲説」である。博士は、人間が商品の生産のために支出した労働はすべて価値であるという非歴史的な価値論を主張するから、博士のこの理論を押しすすめれば、労働者の労賃も人類の犠牲としての労賃であり、資本家の利潤も人類の犠牲としての労賃であり、商品の価値は労賃によって定まるということになる。ここで価値と価格が混同され、マルクス学説でいう価値を作る労働(質)と価値(量)との区別が無視される。従って一般に労働が価値(量)であるという思想は、資本家の思想である。もしくは単純商品生産社会のものであり、小資本家的である。博士の学説としての、個人の支出した労働をもって人類の犠牲であるというのは、道徳的な見地であり、超歴史的であり、非歴史的であり、マルクス労働価値説とは異なっている、と批判した。櫛田のこの批判はもちろん、博士の考え方の急所を突いたものであ

価値人類犠牲説の河上的特質

り、博士は、櫛田の批判を容認したことはいうまでもないし、そうした批判と刺戟によって、マルクス労働価値説の正しい把握に進んで行ったわけであるが、それへの理論的一過程として、櫛田のいういわゆる「価値人類犠牲説」そのものは、わが国のマルクス価値学説史上、たとえ誤っているとしても一つの河上的特質をあとづけているものである。

大内兵衛編『河上肇より櫛田民蔵への手紙』には、これに関して大内氏の次ぎのごとき解説がある。

河上先生の唯物史観の把握はまだ本当でないといふことを説いたものであつた。先生は、これに対して「一本参つた」のである。そしてこれを直接の動機として先生は従来の学問におけるブルジョア的色彩の洗濯にとりかかつたのである。そしてその洗濯事業を『資本論』の研究によつてなしたのである。（一一一ページ）

河上博士の大正十三年七月一日の「櫛田書簡」解説に、

この頃櫛田君は私を訪ねて来ては議論を持ち出し、私が多年書見用にしてゐた大きな机の上を拳でトン〳〵叩きながら、私の説を攻撃されたものである。拳でトン〳〵机を叩かれたその有様が、今尚ほ私の眼底には髣髴として浮んで来ると同時に、その勢の前に私がタジタジとなつた当時の心持もまた、未だに忘れられずにゐる。――この時代に私が櫛田君から受けた刺戟、それなしには私はその後、到底マルクス主義の真の理解に到達し得なかつたであらう。（同書一一五ページ）

随筆「断片」は発禁となる

大正十年四月の雑誌『改造』に寄稿した随筆の「断片」という一文は、ロシア革命史の危険と思われる部分のエピソードを紹介したというので発売禁止となったが、その生彩ある筆致が刺戟的であったばかりでなく、いわゆる「虎の門事件」（皇太子射殺未遂）の難波大助が、たまたまこの「断片」を読んで感動し、これによって行動の最後の決意をしたという話が伝えられ、難波も決行前に私淑していた博士を私宅に訪れたこともあったので世間に衝撃を与えたのであった。これは博士に何の関係のない事件であるが、博士が官立大学の教授でありながらマルクス社会主義

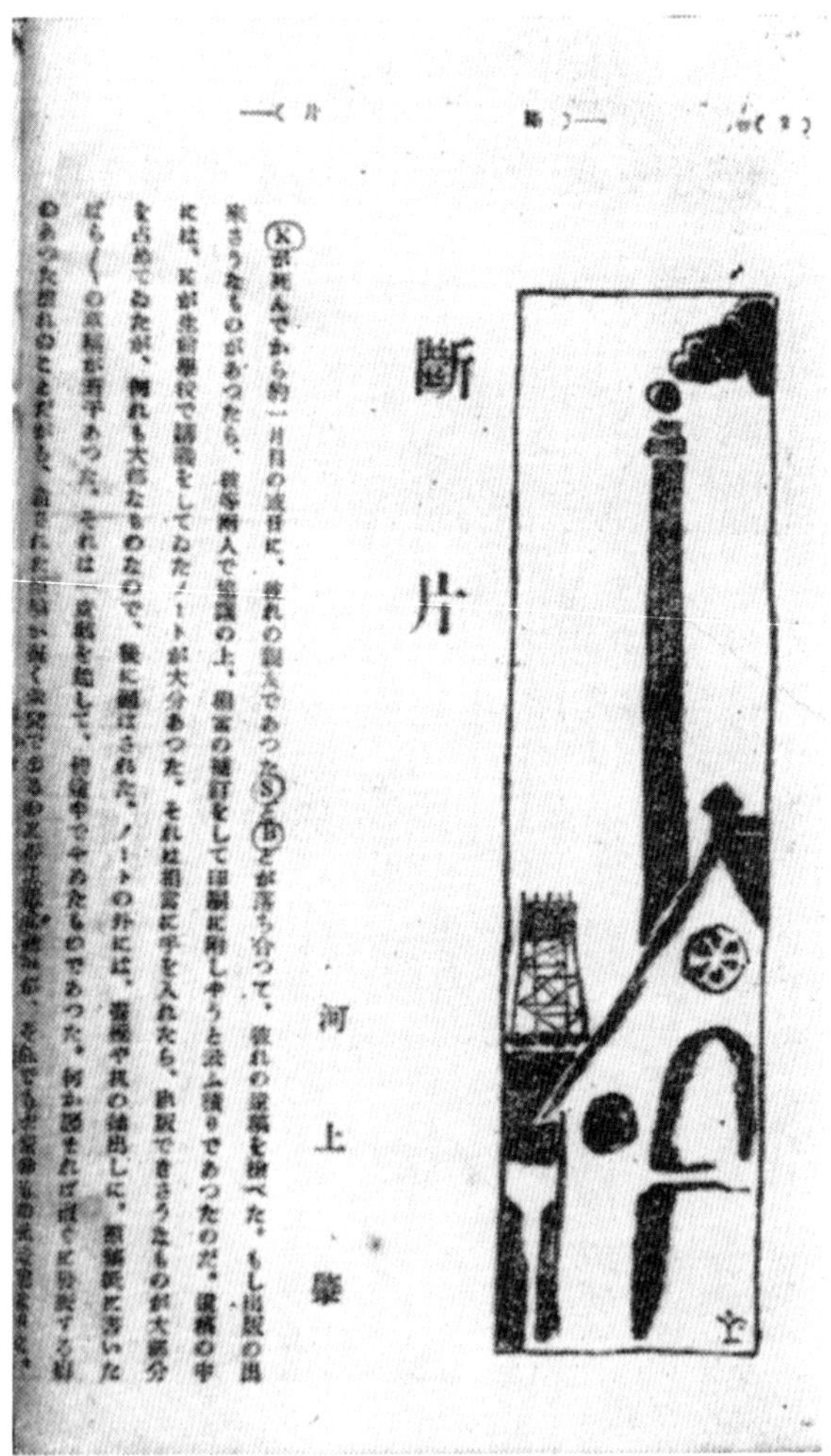

断片

河上肇

Ⓚが死んでから約一月目の或日に、彼れの親友であつたⓈとⒷとが落ち合つて、彼れの遺稿を検べた。もし出版の出来さうなものがあつたら、彼等両人で協議の上、相当の補訂をして印刷に附しやうと云ふ積りであつたのだ。遺稿の中には、Kが生前学校で講義をしてゐたノートが大分あつた。それは相当に手を入れたら、出版できさうなものが大部分を占めてゐた故、何れも大切なものなので、後に保存された。ノートの外には、書簡や其の抽出しに、原稿紙に書いたばら／＼の原稿が若干あつた。それは一枚紙を繙して、初稿中でやめたものであつた。何か認めれば直ぐに発表する彼

初めて「発禁」になった河上肇の寄稿
(『改造』1921年4月号，Kは幸徳秋水，Sは堺利彦，Bは馬場孤蝶の由)

者であるとか、大学教授中の危険思想家の巨頭であると批評されるようになったのはこのごろからである。

危険思想家の巨頭と目される

九　唯物史観に関する自己清算

博士は批判されたり、論争したりしつつもマルクス主義に正しく深入りする努力を怠らなかった。とくに博士が「唯物史観に関する自己清算」をするにいたった直接の動機は福本和夫の博士批判であった。福本の見解は「福本イズム」と呼ばれ、大正十五年秋ごろから一般化しはじめ、左翼の論壇・組合運動・学生運動を風靡し、福本イズムにあらざれば左翼革命運動に携わる資格なしというほどであった。いったい「福本イズム」とはどんなイズムであったか。大正十五年のはじめごろ単一無産政党論の大勢にしたがって三月に労農党が創立されたが、内部に左右・中間が対立して分裂し、細迫(ほそせこ)兼光を書記長とした労農党は左派、鈴木文

福本イズムとは何か

山川イズム批判としての福本イズム

「分離結合」の理論

治・安部磯雄・片山哲・西尾末広は右派の社会民衆党、三輪寿壮・麻生久・加藤勘十らは中間の日本労農党に拠った。そのころ山川均の理論は単一無産政党結成のためには左派の譲歩も要請するが、意識的右翼勢力と決定的に戦うことを要請したいわゆる山川イズムといわれたものである。この時、福本和夫は、山川イズムは折衷主義にすぎないとし、重要なることは労働者階級にたいして統一的に指導しうる「共産党を結成」することが先決であるとした。そのためには何よりも純粋なマルクス主義的要素を理論闘争を通じて結晶させることで、結合するために当面においては、分離することが重要である。山川イズムは革命性を自然成長性に委ねてしまって、インテリゲンチャ知識層の指導を無視している。福本イズムはインテリの歴史的使命を極度に高く評価したものであった。彼の煽情的な、独得な、簡明な文体は、左翼学生層のみでなく組合運動にも浸透し、労農党さえあれば組合の必要はないという経済的闘争にたいする軽蔑的態度さえ生れたのである。この熱病にも似た福本イズムへの心酔はとくに大学生の社会科学研究会の指導層に漲(みなぎ)ってしまった。

福本和夫

福本和夫は松江高校教授として、ドイツに留学し大正十二帰国して山口高校の教授となり、真に彗星(すいせい)のごとく左翼評壇に現われた。その年創刊された雑誌『マルクス主義』につづけざまに、無遠慮・大胆に、当時最高のマルクス学者河上博士の理論に批判・攻撃を加えたというわけで、その華々しさは左翼学生の耳目を聳動(しょうどう)させるのに十分であった。

一方で山川イズムを批判し、他方で河上理論を批判し、『経済学方法論』『唯物史観と中間史観』『理論闘争』『方向転換』等を著述し、センセーショナルな論文表題はとくに注目するところとなった。山川均の有名な論文「方向転換論」を批判し、「山川氏の方向転換論の転換より始めざるべからず」(大正一五年二月・五月)とか、「河上博士の唯物史観より分離せざるべからず」(『理論闘争』)とか、「無産者統合に関するマルクス的原理——方向転換は如何なる過程をとるか、我々はいまそれの如何なる過程を過程しつつあるか」(大正一四年一〇月)等はその例である。

大正十四年福本和夫が京都大学学友会の招待に応じて京都大学で行った「社会

福本和夫京都大学で河上博士を駁撃す

の構成並びに変革の過程」と題する講演は、河上博士の唯物史観の誤りを指摘し、マルクスが受けついだヘーゲル哲学の弁証法について博士の無理解を挙げ、博士はその基礎において哲学的・社会科学的方法論が確立されていないと論じた。その会場に河上博士も傍聴していたが、学生は福本の理論の自信のほどに驚くとともに、魅了されてしまった。学生にとって神格化にも近かった河上崇拝熱も、ために冷却しその後に開かれた社会科学研究会総会では、とくに河上博士の出席を

学生社会科学研究会は博士と訣別す

請いその席上、博士の愛弟子岩田義道が代表者となって、公然と博士におけるマルクス理論とは訣別することを宣言するというような事件さえ起ったのである。

もちろん博士の唯物史観は、堺・櫛田も批判し、博士自らも気づいていたように、

福本イズムの誤り

弁証法的唯物論に基礎をもっていなかった誤りはあったとしても、福本イズムにおける思考方法もまた、弁証法を一面的に強調するのあまり、他を誤りであるとして分離し、切り捨て去り、直ちにそれをばブルジョア的であると片づける

全面的否定や排除的な思考方法自体が非弁証法的であることはいうまでもない。河上博士は従来の思考方法が非弁証法的であったことは、福本の批判の適切さを認めても、福本の批判を納得したわけではなかった。当時櫛田民蔵宛ての手紙（大内兵衛編『河上肇より櫛田民蔵への手紙』一三五ページ）によると、博士の考え方が知られるが、さらに「唯物史観に関する自己清算」の書き出しに、自分はドロを吐くとともに、お返しもしたいと謙虚さと学問的真剣さを示しているのである。

河上博士の学問的謙譲の態度

唯物史観に関する自己清算

哲学研究に励む

昭和二年二月『社会問題研究』の第七十七冊から、同十二月八十八冊までに亘って博士は「唯物史観に関する自己清算――従来発表せし見解の誤謬を正し、かねて福本和夫氏の批評に答ふ」という長論文において、福本反批判を試みた。これら福本・櫛田の博士批判があり、読書界の注目を浴びたころから、博士は「哲学」研究に志し、前述のように哲学界最高峯西田幾多郎（きたろう）や田辺元の指導を受けたり、三木清についてヘーゲル弁証法の研究会やマルクスの「ドイツ゠イデオロギー」の研究会なども開いて熱心に勉強した。すでに博士らも大正十四年十二月『社会問題研究』(第六七・六八・六九冊)にデボーリンの「レーニンの弁証法」を連載し、デボーリンの唯物弁証法の影響を受け、福本反批判もデボーリン的立場においてなされたのである。博士自らもかなりの深さにおいて福本弁証法の影響を受けたとはいえ、福本弁証法の、「幻想」的な非唯物論的弁証法への反批判をほぼ達成した。その反批判連載中に、昭和二年七月、コミンテルンの「二七年テーゼ」なるものが発表され、その翻訳もいちはやく雑誌『社会思想』に「福本イズムを清算せよ」と題して発表されたが、ここで「福本イズム」の「分離結合論」=「理論闘争主義」の誤謬が全面的に批判され、福本イズムの革命理論は、マルクス主義陣営や社会主義運動および思想界において急速に終止符が打たれてしまった。

福本反批判を果す

福本イズムの凋落

対福本論争によって博士の唯物史観がマルクス主義に近接したことは、(一)マルクス主義哲学における唯物弁証法を確認したこと、それはマルクス主義経済学で

博士の理論的な進展と限界

ある『資本論』の理論的把握への道になったこと、㈡マルクス主義の政治的実践は唯物弁証法がその理論的基礎とならねばならぬこと、㈢唯物弁証法が公式主義的に文献学的に理解されたことは、博士の政治的実践において一面的に陥る危険が多分にあったことである。博士のマルクス主義理論に批判される余地のあったことは、単に最高水準にあった博士のみ負うべきものではなく、当時の日本におけるマルクス学者共通の未熟さであり、それが日本マルクス学の歴史的段階であったと言わねばならぬ。

一〇　京都帝大教授辞任

大正十四年四月に有名な悪法といわれた治安維持法が公布されたが、それの最初の大規模な適用が学生社会科学研究会の運動にたいして試みられた。博士の学問的影響裡にあった京都帝大では、全国で最も多数の学生が検挙され、或いは起訴され、或いは投獄されて天下の耳目を聳動した。京都帝大の社会科学研究会が東京帝大の新人会以上に全国学生運動の重鎮となったのは河上博士の下に集まったマルクス主義学生の活動によるものであった。大正十三年九月に結成された「学生社会科学研究会」の活動の活潑さには、さすがの河上博士もいささかもて余し気味であった。『自叙伝』にこのように回想している。

学生社会科学研究会の活動

この社会科学研究会といふものは、どんなに私を煩はしたか知れはしない。福本イズムが流行してゐた頃などは、私のいつたことは何一つ聴かなかつたが、それでも大学当局との交渉となると、彼等は何彼につけて、私を利用することを怠らなかつた。彼等は闘争主義と号して、会一つ開くにしても、掲示一つ貼るにしても、わざと当局に立てつくやうな、警察の神経を刺戟するやうな遣方ばかりしてゐた。（第一巻、三九六ページ）

と。大正十四年七月の第二回学連大会が京都で開かれたときには、特高（特別高等警察の略）課長以下の臨監がなければ許可されなかった。

レプセ歓迎事件

最初の衝動的事件は十四年九月の「レプセ歓迎事件」で、これは日本労働組合評議会の招請によって全露金属労働組合中央執行委員長レプセが神戸に上陸し東上したが、京都駅でも東京駅でも左翼思想家や労働組合運動家が多数保護検束され、東京では歓迎会に会場の提供が拒否され、レプセ一行は帝国ホテルで特高刑事二十名に罐詰にされた。レプセは予定を切りあげて九月二十六日に京都駅通過で帰国することになったが、京都駅は高等課総動員で物々しい警戒網が張られた。

京都駅学生面会事件

その時、警戒網を抜けて変装した京大生大橋積が英文の封筒をレプセへ差出した瞬間、警官の一団に検束された。大津では京大生橋本省三が検束されたが、この騒ぎに乗じて巧みに車中に乗込んだ京大生鈴木安蔵が、ゆうゆうと大阪までレプセと会見し、使命を果したという事件である。警察では、この封書を危険な過激文書であったかの如く宣伝し、これを理由に京大社会科学研究会を解散させようと策謀したと伝えられているが、大学当局の発表では、「学生はキネマ女優の見物に行くほどの好奇心からで、手紙というのは日本人の一部にはレプセ来朝を多とするもののあることをロシアへ伝えてくれという意味のものにすぎなかった」(『日本学生社会運動史』一一八ページ)と。何れにしろ、この事件は河上博士の在職している京都帝大の学生の活動ということで注目されるに至った。

京都学連事件

博士が注目されるに至ったもう一つの事件は京都学連事件であるが、その発端は、十四年十二月一日に京都府下各学校で軍事査閲が行われる予定であったところ、たまたま十一月十五日、同志社大学の掲示板に軍事教練反対のビラが貼られてあるのを特高が見つけ、これを理由に、かねて注目していた京大および同志社大の学生三十二名の一斉検挙を行ったことである。ビラというのは評議会・水平社などの外部の無産団体から送りつけられたものを学生が二枚貼ったまでのことであった。警察では京大生熊谷孝雄検挙のため、大学当局・学生監に無断で大学の寄宿舎に乗り込み、立会人なしで部屋の中をかきまわした。これが大問題となり、学生大会となり警察当局の職権濫用・人権蹂躙の告訴をするという騒ぎにな

警察当局の大学寄宿舎無断捜索

った。検挙の不法にたいしては京大法学部および経済学部教授団の意見書発表となった。

さらに社会科学研究会関係の学生検挙は、十五年一月十五日に全国一斉に行われ、東大・京大・慶大・同志社大・日大・神戸高商・大阪外語・関西学院等で多数の学生が検挙され、学生は三十八名起訴された。このさい大学教授関係で、京大では河上博士と助手杉野忠夫が家宅捜索を受けた。この事件で京大では「研究会」は指導教授を必要とする規定を設け、総長荒木寅三郎は辞を低くして河上博士に京大学生の研究会の指導教授を懇請したので、博士は真にいやいやながら引き受けたが、これが後に京大教授を退かねばならぬ理由の一つになったのである。

政府の発表によれば、彼ら研究会員が治安維持法に反して、革命運動を企てたというのであるが、これが天下の耳目を聳動した「京都学連事件」なるものであった。

『マルクス主義講座』の広告文を書く

このほか博士の地位に不安の陰がさしたのは、昭和二年十月ごろ『マルクス主義講座』の刊行が企画され、編集者は教え子だった志村義雄で、監修者として博士と大山郁夫とが依頼され、講座執筆者には有力なマルクス主義者を殆んど網羅し、その予約募集のための広告用パンフレットに博士が短文を載せたことである。この広告文には甚だハッキリしたマルクス主義への信念が述べられた。自分は真理の勝利の確信者であること、この信念の下に過去三十年に近い学究生活を続けてきたが、マルキシズムのみが客観的真理の把握者であると信ずるに至ったこと、マルキシズムの理解こそが塗炭に苦しむ万人の自己救済のための不可欠の一条件であろうことを強調した。この一文は枢密院の問題となり、文部大臣を通して京大荒木総長に広告文の取消しを博士に要請してきた。もちろん博士は拒絶した。間に立って窮した経済学部長神戸正雄は部長を辞職し、代って財部静治が学部長に就任するという事件が起った。さらに同年十一月二十八日に「講座」刊行会主催

「マルクス主義講座学術講演会」

選挙応援演説をする

の「マルクス主義講座学術講演会」が東京青山会館に開かれ、博士と大山郁夫が講壇に立ち、大山は「社会科学と無産政党運動」と題して登壇後約十分で臨監から中止を命ぜられ、次に博士が「稀有遭難の時代」という題のもとに約一時間、「今や東天は紅らんで来た」と述べたところでまた「弁士中止」となった。さらに問題視されたのは、大山郁夫の立候補応援演説問題である。昭和三年一月末わが国最初の普通選挙に労働農民党委員長大山郁夫が香川県から立候補したが、支持団体は日本共産党系の「評議会」と「日本農民組合」であったから、官吏としての応援演説は官憲の注目するところとなった。ことに香川県は稀にみる激しい官憲の弾圧のもとに選挙が行われ、博士自ら「書斎人たる私には恐ろしいほどのものの」であったと追懐したほどである。博士の演説は「弁士中止」を喰うということで、内務・文部当局の神経をいやが上にも刺戟したことは察するに難くない。

まさに稀有遭難の時であり、大山郁夫は落選し、全国で労農党約四十名の立候補者のうち京都の水谷長三郎・山本宣治の二名だけ当選しえたという惨敗振りであった。

三・一五事件の余波を受く

博士の地位について致命的な事件は「治安維持法」の発動による有名な三・一五事件である。昭和三年三月十五日の未明に、一道三府二十県にわたる日本共産党・労農党・労働組合評議会・無産青年同盟の関係者にたいし一斉検挙が行われ、その被検挙者数は千六百名にも及び、共産党は指導者佐野学・徳田球一・野坂参三・志賀義雄・福本和夫・佐野文夫・鍋山貞親・浅野晃・淡徳三郎・岩田義道らが検挙され、殆んど壊滅状態に陥った。この弾圧は、治安維持法に日共とこれら団体の行動が違反したという理由によるものであった。それら被検挙者のうち学生・卒業生・学連関係者が二百名近くあった。四月中旬には学連の支部団体のある各学校の社会科学研究会はすべて解散命令を受けた。文部省はこの事件の直後、各大学総長にたいして「左翼教授」なるものを追放することを強要してきた。京大の荒木総長は経済学部教授会の同意を得て、同年四月十六日、博士に辞職勧告

文部省は「左翼教授」追放を強要

をしたのであった。

博士への辞職要求の理由は、博士が四月十六日附総理大臣宛の辞職願に添付し、併せて総長および教授会に別々に提出した「辞職理由書」によると次ぎのごとくである。

総長による辞職勧告の理由

本日、総長は余に対し、㈠マルクス主義講座の広告文にある余の文章の不穏当なること、㈡香川県において選挙の際、余のなしたる演説に不穏当なる箇所ありしこと、㈢社会科学研究会員中より治安を紊乱する者を出せしこと、の三点を理として辞職を勧告せられたり。なほ総長は経済学部教授会を経て右の勧告をなすものなることを特に附言せられたり。余は前記三箇の理由を以てしても毫も辞職の必要を認めざるものなれども、既に教授会の議を経て総長より辞職の勧告を受けたる以上、総長及び余の属する学部の意志を尊重すべきものと認め、ここに辞意を決するに至れるものとす。(四月二十一日『京

都帝大新聞』第七四号）

このように辞職勧告の三理由は博士を納得させるに至らなかったが、経済学部教授会が総長に辞職の同意を与えていたので、教授の任免に関する規律の建前から辞職を決意したのである。

滝川幸辰氏は、これについて、総長の辞職勧告理由はいずれも根拠の薄弱なものであることを一々指摘し、さらに経済学部教授会が総長に同意した経緯をも強く非難している（『回想の河上肇』三六ページ）。この事件で大学を追放された学者は、大森義太郎（東大）・佐々弘雄・向坂逸郎・石浜知行（九大）らであった。

河上博士は京大を去るに臨んでその心境をつぎのごとく発表した。

京都大学を去つた今日、私の最初に発する言葉は、その京都大学に対する感謝の辞である。明治四十一年、一経済雑誌の主筆たりし東大出身の私を招いて、法科大学の講師たらしめたものは京都大学である。……爾来殆ど二十年の長きにわたり、私の如きものが安んじて斯学の研究に耽ることが出来たのは、私にとつて実に望外の仕合であつた。この長き期間にわたる研究は、私の生涯に決定的な影響を与へた。それは一生を賭するに足る目標を私に授けてくれた。それのみでなく、私は大学における生活のおかげで、心から尊敬しうる若干の友人をも知りえた。私はこれらの賜を大学に向つて深く感謝せねばならぬ。……私は何よりも先づ真理を念とせねばならぬことを固く心に誓ふた。天分の乏しきは如何ともし難いが、ただ俗念のために自分の学説を少しでも左右することがあつてはならぬと、この事をのみ常に心に掛けた。かくて私の学問は――正直にいへば恐る恐る――次第に一定の方向に進んだが、私が斯かる進路を採ることを余儀なくされたのは、歩一歩、主観的には私の研究の不可避的な結果である。だから、もし私が現在の学問的立場が常識的に大学教授たる地位に適せぬといふならば、それは私からいふと、私が何とかして大学教授たる責任を忠実に果さんと努力した結果に外ならぬのである。かかる意味において、私は私自身に弁証法的転化をなしおへた、とも言へるであらう。……大学教授としての私の生涯が今や終りを告ぐるに際し、微力何の成すところなかりしは深く愧づるが、顧みて甚だしく良心に愧づるところなきは、自ら満足するところである。今や責任ある地位を去つて、実に力にあまる重荷をおろした心地がする。

（「大学を辞するに臨みて」昭和三年四月二十一日）

京大教授辞職の心境

そのころ、昭和三年五月一日、櫛田民蔵に送った手紙には、退官の慰問を感謝し、心境をつぎの一句に叙している。「荷をおろし峠の茶屋に告天子きく」と。そして「しばらく茶をすすつて休みます」と附言している。『自叙伝』(二)によれば、ここに「峠」と言っているのは、さらに次にくる坂道の途上に横たわっている一つの峠を指しているのである。当時の社会の客観的状勢は、勉強好きの博士をして永く書斎裡の研究と執筆とに専念せしめえなかった。しかも「資本論研究」への「新たなる旅」を想望した静かなる心境をこの一句に托したわけである。

二　マルクス主義経済学研究の成果

ここでわたくしは、博士のマルクス主義経済学研究の成果についてごく簡単に眺めてみたい。それは、もし博士の到達された経済学の思想・理論に単的に触れ

博士における三つの重要な研究書

たいと考えるならば、どの著書を挙げるか、ということである。わたくしは『経済学大綱』『マルクス主義経済学の基礎理論』『資本論入門』の三冊を挙げる。そのうち、『マルクス主義経済学の基礎理論』は上・下二篇になっているが、下篇の内容は、博士最後の名著『資本論入門』とほぼ同じであるから、『資本論入門』を挙げればよいわけであるが、その上篇は「マルクス主義の哲学的基礎」と題する長篇で、たびたび評壇の問題となった博士の「唯物史観」にたいする考え方の「集大成」ともいうべきもので、自己清算された博士の最後に到達した「弁証法的唯物論哲学」の最もまとまったものである。その叙述も、第一章に「唯物論」、第二章に「弁証法」、第三章に史的唯物論（唯物史観）という整然とした体系において叙述されている。唯物論は弁証法に、弁証法は唯物論に、必然的に結びついて正しい意義をもつものであること、弁証法の、人類の歴史への適用が唯物史観であるというマルクス・エンゲルスの体系が極めて平易な名文をもって、説

『経済学大綱』は最後の集大成である

得的に解説されているので、その下篇「マルクス主義経済学の出発点」と併わせて、本書は最初に博士の思想と理論を知るための最上の手懸りとなろう。『経済学大綱』は経済学者としての博士の代表作との定評のある名著であるが、上篇は「資本家的社会の解剖」、下篇は「資本家的経済学の発展」の二部より成っている。本書の特長は、その下篇が、旧著『資本主義経済学の史的発展』に加筆したものであって、博士の長い学問的研究生活において辿ってきた学問的・思想的経路が分明するとともに、ブルジョア経済学者からマルクス主義経済学者への「弁証法的転化」を記念する学問的業績である。

博士は本書が昭和二年（一九二七）四月より昭和三年（一九二八）三月に至る学年に、京大経済学部で講義した稿本であるというから、博士の大学での最後の稿本となったもので、「経済原論」の講義ではあるが、「その実質は殆どマルクス『資本論』の解説の如きものである」。博士から見ればマルクス『資本論』は最上の経済原

「資本主義経済学の史的発展」の学問的地位

論であるから、経済原論を講義するとなればそうなるのは当然であり、同時にそのことは、博士がブルジョア経済学を完全に克服し終えたことの証拠である。博士はいう。「ブルジョア経済学の陣営内における諸学者の著作は」、その体系がまちまちで、「その篇別が他に対して何らかの異色を有つでなければ、学者として恥であるかの如く考へられてゐる。だが、或る学問が苟くも科学たるの名に値するものであるならば、その領域における諸学者の研究は一個の体系に統一されるでなければならぬ。研究上における諸学者の協力は斯くして始めて可能であり、科学の発展は斯くして始めて実現されうる」と。この一節はブルジョア経済学の陣営にたいする痛烈な批判であり、マルクス経済学の特質を示すもので、表現は穏かであるが、専門的には内容は深刻である。『経済学大綱』上篇が『資本論』の解説である意義も明瞭に知られるのである。

下篇は「史的発展」の修正・再録であるが、ここでも博士がマルクス経済学を深く把握した姿――弁証法的発展の姿が示されている。同じこの序文で、博士は若き日に、利己主義と利他主義の問題で悩み、「無我苑」に飛びこんだ頃からの思想的変遷を回顧し、改めて利己的活動の経済思想史上の倫理的立場の意義、それは本質的には資本家の利己的活動の是認ということが、封建社会から資本主義社会を発展せしめた歴史的な意義のあることを確認した。そこでは「ブルジョアジーは正に人類の労働の生産力を代表する立場に立っていた」ので、歴史的に「革命的使命を帯びてをり、その使命の実現のためには」利己的活動が保証されざるを得なかったわけで、「私悪は公利である」との主張の歴史的意義が認められた。「人間の生活の物質的諸条件の上に起れる変革が、人間のイデオロギーの上に反映したものに外ならぬ。かかる思想は資本家的生産の発展につれて発展し、その崩壊期に及んで崩壊せんとしてゐる」(七ページ)という。まさに唯物史観における弁証法的な見方である。それは当然に、現在の変革期の理解にたいすると同様の学問方法論である。「新たにプロレタリアートがブルジョアジーに代つて、人類の労働の生産力の発展を代表する立場に立たんとしつゝある。社会形態変革の歴史的使命は、すでにプロレタリアートに推移した。しかもプロレタリアの一切の活動は、強力的にまた精神的に、全般的な拘束を受けてゐる。罷業・怠業、その他プロレタリアの企てる一切の階級闘争は、いづれも皆道徳的に非難されてゐる。だが千七百年代の初葉に「私悪は公利である」といふ思想が起つたのと同じやうに、吾々の住む現在の社会には、「労働者階級が自己の利益のために闘ふのは、人類全体の利益のために闘ふのである」といふ思想が起るべきであり、また起りつゝある。階級社会においては、公益の実現は必ず私益の実現を媒介とするのである」（一七ページ）と。これは現代の歴史的推移の正しい弁証法的理解であり、まさに『資本論』の弁証法的把握である。

『資本論』の正しい把握

ここでは初期資本主義の利己心が個人的利益の倫理的問題として採りあげられ

公益の実現は私益の実現を媒介とする

『経済学大綱』は学問的努力の記念塔である

たことに対して、プロレタリアートの階級的利害とその歴史的意義において把えられている。現在プロレタリアは現実の個人的利己心を内在せしめた階級的利害において、つまり階級的「利己主義」の肯定を媒介として、階級的解放のために闘っている。プロレタリア階級の解放は相手のブルジョア階級の解放なしには達成されない。公益の実現は私益の実現を媒介することによって達成される。博士の取り組んできた利己主義と利他主義の相剋の問題はプロレタリア階級が現実の利害の闘争によって階級解放のための歴史的立場にあること、即ち利他主義実現の意義を有つ全階級の解放という弁証法的意義において理解されているので、まさに歴史のマルクス的・唯物弁証法的把握である。『経済学大綱』の経済学文献としての優れた評価もさることながら、博士の若き日より取り組んだ人生観・世界観は明らかに弁証法的唯物論に展開したことを認めなければならない。それは同時に博士がマルクス主義経済学者に成長したことを示すことになる。かくて

日本におけるマルクス経済学者の水準を示す

『資本論入門』の価値

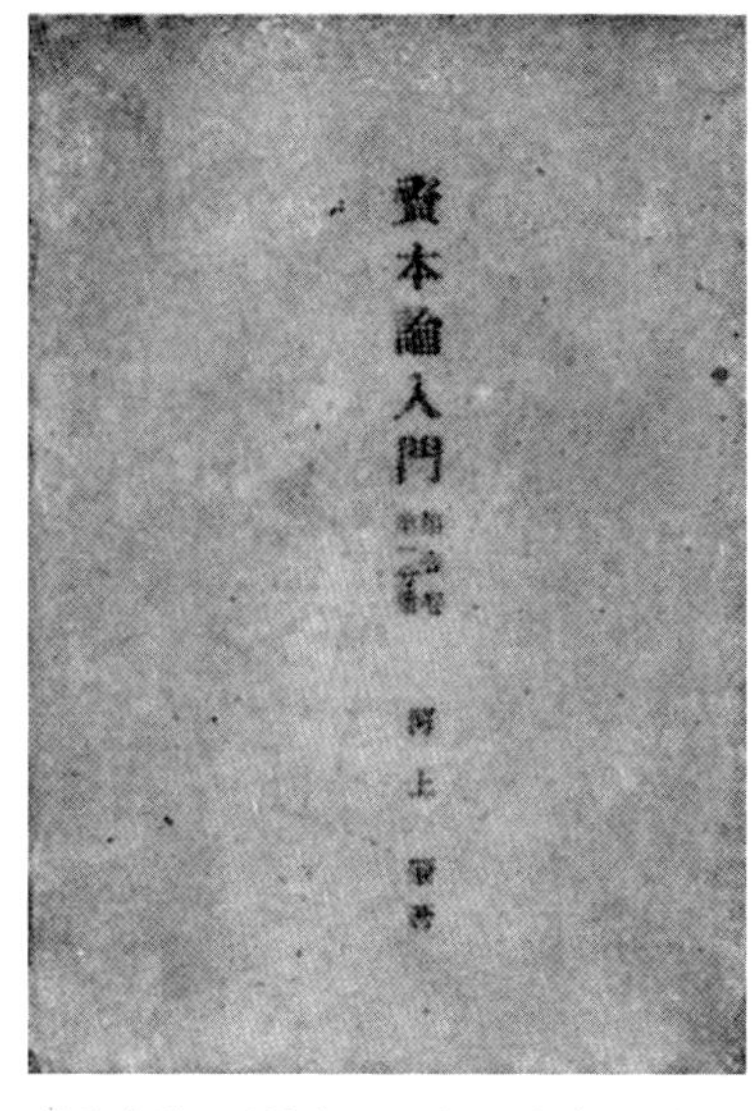

『資本論入門』第一巻第一分冊　表紙
(昭和3年)

『経済学大綱』は博士の長年に亘る骨身を削った学問的努力の築きあげた輝かしい記念塔であるというべきである。

『資本論入門』は博士の公刊しえた最後の大著であり、マルクス主義経済学者として到達した日本の学者の業績の水準を示すものであろう。博士によれば、『資本論入門』の最初の萌芽は大正十二年に『社会問題研究』に連載し始めた「資本論略解」である。後、昭和三年にこれを書き改めて『資本論入門』と改題し、分冊の単行本として毎月一冊ずつ刊行する計画を樹て、今度は、再びこれを根本的に書き直し、原著第一巻の全部の解説に相当するものを、一纏めにして公刊することにしたものである（『自叙伝』二、一三ページ）。昭和六年の手紙によると、共産党の「巨頭連」が殆ど異口同音に、『資本論』の翻訳と『資本論入門』の完成を博士に期待していることが極めて明瞭になったので、博士も、いよいよ落ちつき切ることが出来るようになったと書いている（『自叙伝』二、一五ページ）。したがって、右の二つの仕事は、晩年の博士の本腰を入れた研究学業であったと見て差支えない。『資本論入門』はかくて昭和七年に完成公刊された。大内兵衛氏はこれについてこう述べている。「大正八年に入つて……博士は唯物史観・資本論の勉強に精根をつくしたのである。そして惨憺たる苦心の後遂にかきあげたのが、かの『資本論入門』であつて、これが博士最後の学業となつた。それは昭和七年のことである。即ち『社会問題研究』の創刊後まさに十三年、同誌に「資本論略解」を掲載し始めてからでも九年。かくして『貧乏物語』と『資本論入門』とは、博士の登りつめた

『資本論』研究のための手引となる

二つのピークをなすこととなつたのである」（岩波版『貧乏物語』解説）と。本書の博士学業上の意義を想うべきであるが、『資本論』解説書として最も詳細・懇切を極めたもので、わが国における『資本論』研究のための基礎的文献であろう。博士はその序文で、「読者を『資本論』そのものに誘ふための一つの手引」と言っているが、『資本論』を単に経済学乃至資本主義社会経済の分析の理論としてのみでなく、「社会革命のバイブル」として理論と同時に情熱的に把えている実践的関心を含めた意味において、世界にもその類を見ない著述であるといえよう。ことに本書は、次ぎに述べるように、労農党―新労農党に関する政治的実践から一応退いて、心ゆくまで書斎に引き籠って研究しはじめた時の業績であり、同時に宮川実との共訳書である『資本論』の翻訳（第一巻上冊、昭和六年五月）や『政治経済学批判』（昭和六年六月）などつぎつぎに刊行しつつ研究・執筆に熱中していたころであり、もしその昭和七年八月に、日本共産党が博士を書斎から政治へ――しかも当時の情勢として、地下生活に連れ込むことがなかったならば、博士の学問的みのりは、さらに豊かなものを学界に供しえたことであったろう。しかし、有能な人は、如何なるところに置かれても、それ相応の有能な業績を果すものであることは、後年の生涯にも見られるように博士が身をもって示したところであり、第三者のとやかくの批判を超えたその人の歴史的事実であることを考えねばならない。

博士の著書の学問的意義については大内兵衛氏の博士『自叙伝』文庫版四の解説「自叙伝の価値」がある。

第五　政治的実践

一　書斎より街頭へ

政治的実践への意欲

博士が若いころから「天下の公器」に値いする者として自らを何か政治的実践と結びつけることに意義を感じていたことは明白であるが、大正十五年のころ、学問的研究へ沈潜しようとする強い意欲と同時に実践活動への潜在的熱意が頭をもたげるという矛盾した性格を示しているエピソード（挿話）がある。当時博士を中心として活潑な活動をしていた京大社会科学研究会におけるある日の博士の面影を恒藤恭氏は次ぎのごとく回想している。

いつの時の会合であったか、河上さんが立たれて、「私は性来負けることが大きらひであります。最近日本の社会でも階級闘争が激烈になつて来ましたが、遠からず無産階級が凱歌をとなへるに至ることは必然であります。私は負けることが大きらひですから、無産階級に味方してたたかひ抜くつもりであります」といふやうなことを、幾分ユーモアをまじえて、しかも力をこめて語られたのを覚えている。先生はいつも身を持(じ)すること謙遜であつたけれども、そのとき自認されたやうに中々勝気であつたと思ふ（『回想の河上肇』四六ページ）

「新たなる旅」と研究と実践への義務感

と。大正十五年のころ官立大学の教授がこのようなことを述べることは、よほどの信念と勇気とを必要としたことはいうまでもない。大学の講壇にあっても、講壇を去っても「新たなる旅」としての『資本論』研究に専念しようとし、またその研究に着手している間にも、理論と実践との統一というマルクス主義の教義は、博士にとっては「拒(こば)むことのできない義務」として強く琴線(きんせん)に触れていたのであり、それが、現実を変革期として観察するとき、別言すれば博士の危機意識によって把えられた現実が迫ってくる時、博士は抜くべからざる倫理的な義務感によって政治的実践に動き出す心構えを失っていなかったのである。

博士の実践への社会的背景

当時の客観的社会的情勢が、博士の危機意識において把えられた一連の事件があった。それは先ず博士自らがその余波を蒙った三・一五事件の大嵐であり、つづいて労働農民党・日本労働組合評議会・全日本無産青年同盟が解散され、そのころ、獄中では三・一五事件の犠牲者たちに残忍な拷問がくる日もくる日もつづけられていた（小林多喜二「一九二八年三月十五日」）。田中義一内閣は、共産党対策のために「特高警察」を全国的に強化し、緊急勅令で「治安維持法」の改正を断行し、昭和三年六月には枢密院で裁可された。十月には共産党の中心的指導者渡辺政之輔が日本への帰途台湾のキールンで警官隊に囲まれて自殺したことが世に衝撃を与えた。このころ旧労農党有志は委員長に大山郁夫、書記長に細迫兼光が当り、新党準備会に拠って再建準備を押しすすめ、年末二十日から三日間にわたって「新労農党結成大会」を開催することになった。

山本宣治の刺殺

さらに、翌昭和四年三月には、議会で治安維持法の改悪絶対反対を叫んだ京都選出の代議士山本宣治が、その夜、神田の宿、光栄館に帰って間もなく「七生義団」という反動団体の黒田保久二に刺殺された。これらの情勢の下（もと）に無産者大衆の政治的運動としての新労農党の結成大会が東京で催されるということは、博士をして自発的に大会参加に駆り立てないではおかなかった。

書斎生活の終り

「思案の末、遂に上京を決意したのである」（『自叙伝』一、二八〇ページ）。「考へてみると、この時が、私の静かな書斎生活の愈々終りを告げる劃期的の時期であつた。私はこの大会に出席することによつて、広く世間に向つて自分の態度を表明したやうなものであつた。爾来私は、漸く老境に入らむとする羸弱（るいじゃく）の身を以て、一学究としては稀に見る波瀾重畳（ちょうじょう）の生活を閲することになつた」（『自叙伝』一、二八三ページ）と。

新労農党の結成大会に出席す

この新党結成大会は、「暗黙裡に日本共産党を支持する大衆的会合が白昼公然

はじめて検束される

と行はれた最後のものであった」。そして博士がこの大会に出席したということは、博士によれば「私の生涯にとっての一里塚」なのであった。博士はこの第一日目の席上、祝辞を述べさせられたが、数言を述べたところで忽ち中止を命ぜられた。最後の日には博士も含めて主な出席者全員検束され、博士は相生署に留置された。このことは、博士の社会的地位と相俟って、世間の注目を惹き、会場における博士の写真はドイツの雑誌にも掲載されたり、ソヴェート連邦のマルクス・エンゲルス研究所長として世界的に有名なリヤザノフから、懇切な書簡も受けとっている。博士の政治的実践はすでに開始されたわけである。

そのころ書斎におけるマルクス学者としての博士は社会主義実践家としてマルクス主義者への道をたどり始めたのであるが、「政治的実践」は当然保守・右翼などの非難に曝された。秀夫人はこのように述べている。

> 例の京大事件頃から非国民呼ばわりをされるようになりまして、建国同志会という人々が呶鳴り込んだり、ことに山本宣治さんの暗殺された頃には、「首を洗って待て」とい

った投書が毎日飛び込むようになりました。河上は「儂は毎日風呂に入っとるけ、首はきれいぢゃ」といっておりましたが、ところが、脅迫は私の方にも及ぶようになり、「私が貴女なら夫の寝首を掻く」といって寄越した女の人があった……（京大『学園新聞』）

秀夫人の片影

博士の生涯を通じて河上夫人を想うとき、古るめかしい表現ではあるが、真に糟糠の妻として、影の形に添うがごとくにして、内助の功を全うした夫人であること、そして『自叙伝』の行間を貫いて感得しうる夫人は、『自叙伝』をメダルの表面とすれば、その裏面をなしているもので、ほぼ博士の生涯と同じだけのことが言えるかもしれない、と思われる。わたくしはここで、昭和三年十二月、新党結成大会に出席のため、博士が意を決して上京するときの、一つの生けるドラマを『自叙伝』（一、二八二―三ページ）から引用してすべてに代えたいと思う。

　家内にとつては、私の再度の上京が気になつて仕方がなかつた。で私が愈々立たうとする時、箪笥の置いてある階下の四畳半で、着物を着換へながら、袴をつけ了ると、家内はまた思ひ出したやうに、私の袖をおさへて、上京は見合はす訳に行かぬかと云ひ出した。その瞬間、私は癇癪を破裂させて、何を分からんことを言ふかと怒鳴りつけた。私の悪い癖だが、しかし此の場合、私自身が出たくなくて困つてゐたのだ。出たくはないが、出なければならぬと言ふ義務感があつて、それが私を押し出さうとしてゐる。その力に押され押され、やつと奮発して立つたところなのだから、それを傍から止められると、実に遣瀬ない気がして、始末が出来なかつたのである。私が分からない女だと云つて怒鳴つたものだから、家内は悲しいとも情けないとも言ひやうのない顔付をして泣き出した。私は今でもその泣き顔を忘れることが出来ずにゐるが、それ以来、大学教授時代の同僚の細君たちに比べると、とても比較にならぬほど並々ならぬ苦労を見せることになつたので、愈〻死ぬといふ時には、長く世話になつた礼を言つて、一生の幕を閉ぢたいと、常に思つてゐるのである。

求道者として義務感に殉ずること

われわれは、この述懐を読んで、博士が厭なところを押されて、引きづられて実践の場に臨む悲壮な気持を想うのであるし、また事実、博士の義務感とともに、博士自身がこの義務感に殉ずることが、同時に求道者として已むに已まれぬ内心の要請であり、それが博士の心をより高く育てるものであった。

二　「新労農党」

追悼演説で「弁士中止」に逢う

山本宣治が刺殺されたことは、博士の政治的実践への決意をさらに強めた。その告別式のために上京して、遺骸の前に立って「告別の辞」を述べ、「君の流された貴き血潮は、全国の同志に向つて更に深刻なる覚悟を促し、断乎たる闘争の……」と述べはじめるや、直ちに臨監の警官に中止を命ぜられた。「全国の同志に」「覚悟を促し」たことは博士に覚悟を促したことであるとみて差支えない。さらに昭和五年五月一日、『山本宣治全集』の企画のさい寄せた一文には、「同志山本宣治が、無産階級の解放運動に対して」、「実に彼の一命を、この偉大な事業に献げたのである」と述べ、また「階級闘争が未だ潜伏状態にありし時代に青年期を経過したるインテリゲンチャが、齢四十を越したる後、階級闘争の急速なる激化に順応してプロレタリヤ階級の歴史的使命の遂行に殉死することは、極めて困難なる仕事である。かかる困難なる仕事を成し遂げることにより、自分の肉体をもつて「マルクス主義」を表しえたる彼」として山宣の生涯を讃えているのは、博士の政治実践が山宣と同調していることの自覚を深めているものと見てよいであろう。

政治的実践への覚悟

博士は「労働農民党」―「新労働農民党」が日本共産党に連絡があること、それ故にマルクス主義の線に沿うていることを確信していたが故に、政治的実践はこの線に結びつくことが正しいと考えていた。マルクス主義社会科学者として、山宣のごとく闘い、山宣のごとく斃(たお)れることは本望であり、「山本宣治の死は、私に強い刺戟を与へたばかりでなく、私の環境にも一つの変化を起す機縁となつた」と言い、また「『革命の諸経験について書くよりも、これに参加する方が、より有益である』といふレーニンの言葉が、やつと完全に理解されうる段階にまで、私も進みたいと謂ふべきであらう」（『自叙伝』一、三四ページ）とも回顧している。

四・一六事件起る

こういう心境にあったとき、またもや博士を刺戟した事件が起った。それは四・一六事件として知られている日本共産党に対する第二次の大検挙であった。この検挙によって市川正一・三田村四郎・鍋山貞親などの共産党の幹部が尽く逮捕され、起訴処分に附せられたもの二九五名、三・一五事件四五〇名を加えれば、前後約七五〇名が起訴され、左翼陣営は真に大打撃を受けた。

「新労農党」樹立の提案

博士の「新労農党」樹立の提案は、この情勢のもとに、日本共産党再建のための過渡的な方便として、「合法政党の煙幕の下に」一つの労農政党を組織すべきではないかという意見を細迫兼光に書きおくったことに始まった。この意見は細迫を、つづいて大山郁夫を動かし、「新労農党」の樹立運動が開始され、大山を中央委員長として昭和四年十一月十一日に結党の運びとなった。河上博士は結党の提案者としてこの運動には非常な熱意をもった。「私は愈々万事を拋擲して、

書斎から街頭に

これから一生懸命、新労農党のために働かうと心に誓ひ、眦（まなじり）を決して立ち上がつた。私が完全に書斎から街頭に出たのは、この時——昭和四年の秋——であると思はれる」（『自叙伝』一、三七三ページ）と。そして結党大会後、殆んど献身的に街頭に立ち、十

大山郁夫と九州各地へ遊説す

大山郁夫と選挙応援演説行
（京都駅にて）

二月には大山郁夫とともに、九州各地に遊説して廻った。翌昭和五年一月には新党運動のために、一家を挙げて東京西大久保に移住さえし、新労農党本部の仕事として『労働農民新聞』の編集に従った。

二月の第二次普選には党の決議に従って京都第一区から立候補し、侵略戦争絶対反対を標語として、末川博・津田青楓など学者・文人の新鮮な応援演説に支持されたが落選に終った。

このころから新労農党の性格の本質が次第に明らかとなり、共産系正統派との対立が不可避となり、労働組合方面では大阪府支部連合会が新党解消運動を開始し、小岩井浄・細迫兼光がこれに同調し離党した。博士も大山郁夫の意見が博士当初の見解と甚だしく異なっていたことを発見し、五年十月に新労農党即時解消と共産党第一主義を唱えて、大山と訣別した。大山はむしろマルクス主義陣営内に正統派（福本イズムの線に沿うていた講座派の一派）と対立していた解党派（山川イズムに同調する労農派）に近い見解をもっていたので、共産党第一主義の博士の満足するところでなかった。政党運動という利害が露骨に政治運動に反映する社会に立ったとき、意見の相違がはじめて明白に理解できたわけであった。いったん自分の採る道が、自分の信念と相反する

京都から代議士に立候補する

新労農党解消運動

大山郁夫との訣別

出処進退についての道義的な態度

ことを発見したとき、或いは自らの誤りに気づいたとき、惜し気もなく、いさぎよく清算するのは博士の従来の生きて来た純粋な倫理的態度であった。新党樹立を提案した博士が、断乎としてその即時解消を唱え、党を去るに至ったことは、博士の政治的実践の成功・不成功を論ずることとは別に、人間博士の生きた道であり、出処(しゅっしょ)進退を常に道義の内省によって明白にしてきた博士を知るに良き事例であったといわねばならぬ。

博士の政治的実践は、けっきょく、日本共産党の発展を邪魔せぬのみでなく、むしろ日本共産党の確立にまで押し進めなければ満足しうるものでなかった。三・一五事件、四・一六事件によって殆んど壊滅に瀕した共産党は、昭和六年の初めごろから風間丈吉・岩田義道らを中心に再建共産党として活動を開始していたので、労農党の解消運動が終るころ、党の手が「直接」博士の身に届くようになった。

三　「日本共産党」入党

日本共産党への入党ということは、いうまでもなく博士の生涯にとって最も重大なことであるが、したがって党との関係を見ると、博士の人間性の特質というものがいよいよ明らかに知られるのである。マルクス主義とか社会科学というものによって裏づけられた博士の「滅私奉公」「天下の公器」という考え方と実践が明白に現われている。党への資金供与の問題においても、地下生活の場合においても、学者としての党活動の分担においても、「若き日の河上肇」の人生的態度が、はつらつとして窺われるのである。

党との最初の交渉が生まれる

党との最初の交渉は昭和六年の六月ごろ、遅くとも同年の夏から秋にかけてのことであるが、日本大学の民法教授の旧知の杉之原舜一が細迫兼光の紹介状をもって久々に訪ねてきた。紹介状というのは杉之原が党員であることを保証するという意味のもので、このとき杉之原は博

共産党にたいする尊敬

再建共産党と「天下の公器」

士に毎月定額の寄附金を求めたのであった。共産党や党員というものは、博士にとって純粋に理想化されていたのであるから、即座に快諾した。かつて「無我苑」の場合にも、無我愛に打ちこんだ博士は「無我苑」や苑の人々を理想的に描いて入苑したのであるが、共産党の場合にも、博士は党にたいして、ほとんど神格化に近い尊敬の念を抱いていた。党との直接の交渉が、資金面を通じて出来たことは、博士の心境としては「安神（あんしん）することができた」のみでなく、共産党のためなら、献身的に尽力しうるし、いわば「天下の公器」として自らを使いつくそうと考えたことはいうまでもなかった。したがって再建共産党から、杉之原を通して博士に毎月定額の資金を寄附するよう求められたのは、博士にとって真に喜びであった。それまでマルクス主義運動のためにと言われると、純情な博士は義務感から無条件に金を与えたので、しばしば不明瞭な金をかたり取られたことがあった。しかし、党資金局との連絡がついたので、党への寄附の意味は絶対的・非利己的な道徳感、天下の公器として自己を献身するという倫理的義務感と結びつき、従来の人生的態度をますます確信をもって貫徹することができた。『自叙伝』に当時のことを次ぎのごとく述懐している。

資金の問題にからんで

大学を退き、やがて無産者運動の実践に踏み出すやうになつてからも、もちろん私は、それまで溜つてゐた金をみな無くするつもりであつた。しかしただ無くするだけでは意味を成さない、さうした金が一旦自分の手に委ねられた以上、これを最善に使用することがまた自分の義務である。私はさう考へた。ところで、義務を果すためには、手許の在金を掻き集め、挙げて之を日本共産党の中央部に提供するに如くはなかつたのだが……（『自叙伝』二、四一ページ）

……私に近づいて来る人達の中で、コンミュニストであらうと思はれる者、またはコンミュニズムのために働いてゐると思はれる者に対し、随時、金を出してゆくより他に途がなかつたのだが、しかしそのためには、私は長い間散々の失敗を重ねることを余儀なくされた。……当然私は色々な奴につけ込まれ、何遍といふことなしに、仮面をかぶつた悪質の連中から、手をかへ、品をかへて無駄な金を取られた。……ところが、遅蒔きながらも、今やっと党本部と直接の連絡がついたのだ。残つてゐる資金の全部は、もはや間違なく、尽く之を有効に使用することが出来る。私はそれで安神したのだ。（『自叙伝』二、四二ページ）

したがって博士と金銭上の問題について問題が起ったとしても、それを博士の人生的態度・倫理的義務感というところに照明をあてて観ると、明瞭に映し出されてくるのである。その著しい盲点の一つとされる岩波茂雄にたいする『資本論』文庫版印税の二割増額の要求に関する感情的衝突事件などもこの照明のもとに解明されると思う。

岩波との衝突

岩波書店と博士とのこの感情的衝突について長谷部文雄氏はつぎのように書いている。

昭和九年か十年ころ、私が直接に岩波茂雄さんから聞いたところによれば、当時先生は『資本論』岩波文庫版の印税を二割に増額することを要求され、また『社会問題研究』

（一冊だけであったか岩波書店から発行されたことがあったように思う）がちっとも売れなくなっても発行してくれるか、と言われたそうである。これは岩波さんの一方的な話であるが、ありえないことではないと思う。そして岩波さんは――文庫の印税はすべて一割となっており、『資本論』の一割五分は例外であって、とても二割は払えない。また『社会問題研究』については、弘文堂は一冊も売れなくなっても発行すると言ったそうだが、そんな約束は岩波としてはできない。弘文堂が投げだす程度の欠損では岩波は投げださないけれども、それが、河上さんには分って貰えなかった、というのであった。

（長谷部文雄『資本論随筆』一四二ページ）

これについて長谷部氏はつぎのようなことを言っている。

先生はちっとも贅沢な生活をされておらず、自分のための収入増加を望まれたものとは思われない。しかし『自叙伝』をみてもわかるように、その頃には先生のカンパ的支出がだんだん増加していたので、何とかして収入を増したいと考えられたのであろうことは想像できる。……しかも先生は、最も苦心された『資本論』をみずから高く評価していたのであるから、印税について特別待遇を要求されるのも、先生の主観においては無

理でなかったのであろう。（長谷部文雄『資本論随筆』一四二―三ページ）

博士の主観が客観的に通用するかしないかは別問題であるが、岩波茂雄も博士に負けず劣らずの自信のつよい自我のつよい人物であったそうだから、この感情的対立は想像できる。何れにしても、ささいなこの事件を通してみても、それを博士の人生的態度――共産党への倫理的義務感とか「天下の公器」としての自覚ということと無関係に考えることはできない。

『自叙伝』の中で博士はいう。

この頃私が雑誌『改造』に連載したものに「第二貧乏物語」と題する随筆やうなものがあるが、私はそれを雑誌に寄稿するにつき、すでに法外の特別原稿料を得てゐながら、後これを一冊に纏め、やはり同じ雑誌の特別附録とする際には更にその印税として一万二千円を得た。私の書いたものはその頃ほぼそれ位の経済価値を有つてゐたのである。ところで『資本論入門』となると、そのために費した歳月と努力とにおいて、質から云つても量から云つても、『第二貧乏物語』の何倍かに相当する値打のものである。私は

ただ共産党にのみ資金供給を有意義と信じた

ぜひそれから何万円かの印税を得て、これを党の運動資金に廻さねばならぬ。それは謂はば私に課せられた義務であり、その義務を果すため私は出来得るだけの才覚を働かさねばならぬ。嘗ては恬淡無欲であつた著者が、今は一文でも多く印税を得ねばならぬといふ欲求に駆られてゐる。（二、七二ページ）

博士としては、親しい人の事業や選挙立候補供託金などに金を融通することは可能ではあったが、「ただどうにもならなかつたことは、三文でも余裕があつたら、それは決して他の方に向けず、総て党の資金に寄附するやうにとの、強い申し入を党から受けてゐたことである。余りそれにこだはり過ぎたかも知れないのだが、当時はどうしてもそれに反く気になれなかつた」（七三ページ）と。したがって「岩波」のみでなく、博士は金銭問題では言うに言われぬ辛い思い出をもっているのである。ことに同志としてつきあってきた上村進が選挙供託金の融通を懇請したとき、共産党という言外できぬ事情で、博士が承知しなかったとき、上村は、とうとう、顎鬚のある正直そうな顔を真赤にして、席を蹴たてて起ち、「こんな人間とは思はなかつたが、おれは今まで見損つてゐた」と痰唾を吐きかけんばかりにして、頸を下げている博士の面上に、大きな怒声を浴びせかけながら、「もうこんなうちへは二度と来ないぞ」と啖呵(たんか)を切って出て行ったそうだが、博士は『自叙伝』でこの時のことを回想し、「その時の様は、今になつてもさすがに忘れがたい。講談や浪花節で聞く赤穂義士の物語、あれは大半作話であらうが、私がここに書いてゐるのは、全くの事実である」（七五ページ）というのである。深く身についた律義な博士の共産党への志士的な義務感と、党においてのみ「天下の公器」に値いする真の人間的行動を自覚した心情は察するに余りあろう。

博士が「マルクス主義講座」の講演会で講演した「稀有難遭の時代」の原稿を、中央公論社長の島中雄作が懇望したとき、博士は島中に「これは労働農民党に寄附するのだから出来るだけ原稿料を高くして欲しい」などと談判して、それを『中央公論』に寄稿した（『自叙伝』一、二五一ページ）という述懐がある。このように、共産党の線に立つと信じていた労働農民党にたいしても日本共産党にたいしても、一貫した非利己的利他主義の倫理感、天下の公器としての生来の自覚が博士の「寄附」の規準をなしていた。

原稿料問題

昭和六年・七年・八年という時期には、日本共産党が繰返される激しい政府の弾圧下に、地下活動において最も激しい最後的な死闘を闘いつづけていた。昭和

五・一五事件、犬養首相射殺さる

六年九月に満州事変が勃発したが、わが国の資本主義の苦しみにたいして、日本軍部の急進分子は、満州へ帝国主義的武力の進出によって生きる道を見出そうとしたのである。同じ時勢の動きは、翌昭和七年一月に上海事変を勃発せしめ、さらに五月にはいわゆる五・一五事件と呼ばれる青年将校団の蹶起事件が起り、時の総理大臣犬養毅が「問答無用」のもとに青年将校に射殺された。それまでの政党政治の無目的のなまぬるさにたいして、日本の反動勢力は急速にファッショ化の道をたどりはじめていたのである。こうした時に左翼運動、とくに日本共産党の活動の困難さはいうまでもない。「三・一五」「四・一六」とつづく政府の共産党への弾圧に大打撃をうけ、闘争的幹部をつぎつぎに失った日本共産党は、昭和六年のはじめごろから、前掲のように、風間丈吉・岩田義道らを中心に党を再建し、昭和四−五年いらいの世界恐慌の深化による大衆運動を高揚しつつ急速に党の組織と拡大とを企てていた。しかし活動資金の窮乏のため、党資金局は、いわゆるシンパサイザー網の拡大につとめるとともに、警察当局もまたこの同情的外廓網と目(もく)された学者・思想家・文化人・教授をつぎつぎに検挙しつづけた。

日本共産党姿を現わす

もちろん河上博士はその有力なシンパサイザーであった。これには前述のように元九大教授であり日大教授である党員杉之原舜一が、博士を訪れ党への毎月定額の寄付を求めたとき博士は即座に快諾した。長年地下活動をしていた「謎(なぞ)」のような、巨大な「魔物」のような存在であった日本共産党が、はじめて博士の前にその姿を現わしたということは、博士にとって一つの感激であったろうし、ことに人生的態度として、著作活動による経済的臨時収入は、公共のために有益に使用すべきもの、という利己心と利他心との融合調和への道も考え、マルクス主

利己心と利他心の一致

義者としての当然の義務という道徳感からも党へ資金を援助したので、印税の問題でも、博士が利己的に増額を要求する筈のないことは、こうした博士の倫理的道義感を考えなければ解釈のできないものである。

しかしこの一例によってもほぼ推察のできることは、日本共産党支援に結びつく博士の個人的行動は、非利己的行動であり、まさに天下の公器としての自己の自覚と関連しているという人生的態度である。そのことは、後に述べるように、博士が日本共産党に入党しえた感激と、人生的態度としての安心立命の心境に到達したことによってますます明らかになるのである。

入党と安心立命の心境

三二年テーゼの翻訳

本田弘蔵

昭和七年五月にモスコウのコミンテルン（国際共産党）はブハリーン執筆といわれる日本革命の戦略的課題を与えたいわゆる「三二年テーゼ」を発表し、日本共産党は全面的にこのテーゼを承認しこの方針に沿って活潑な活動を開始したのであった。

その七月十日の『赤旗』は特別号としてその邦訳全文を掲載した。その訳者本田弘蔵こそは、河上博士の入党後の地下活動における党名であったのである。博士のこの入党直後の仕事——義務は、博士にとってまさに利己心と利他心との融合統一の自覚による学者として、さらにその発展としてのマルクス主義者として

一九三二年七月十日發行

（特別號）

赤旗

日本に於ける情勢と日本共産黨の任務に關するテーゼ

【定價三錢】

『赤旗』(32 年テーゼ）の表紙（本田弘蔵訳）

關するテーゼ（三二年テーゼ）

日本の狀勢と日本共産黨の任務に關するテーゼ（三二年テーゼ）

コミンテルン執行委員会西欧ビューロー

一、日本帝國主義と戦争

下は「三二年テーゼ」の第一ページ

の活動であった。この「三二年テーゼ」は「日本の情勢と日本共産党の任務に関するテーゼ」という表題で、その日本革命の戦略的方針は、日本資本主義社会をば絶対主義天皇制の下における歴史的・過渡的な社会として規定し、その革命は、社会主義革命への強行的転化の傾向を持つブルジョア民主主義革命であるという特質を与えたもので、その意義におけるブルジョア革命の強行が日本共産党の基本的な方向であるとしたのであった。これは、日本社会主義運動史における貴重な文献の一つであるに違いない。

共産党員に推薦さる

博士が日本共産党入党のいきさつや、この「三二年テーゼ」翻訳のことについてはすでに『自叙伝』によって明らかなことであるが、博士が党員に推薦されたことを知ったのは昭和七年八月十三日の昼頃で、博士が、学生時代の同窓、西大久保の吉川泰嶽宅に、非合法の地下生活第一夜を過ごした翌日、午後のことであった。その日、博士の義弟大塚有章に伴われてきた杉之原舜一が、博士に日本共

党員としての義務

産党中央委員会の決議によって今回博士を党員に推薦したということを告げるとともに、党員としての仕事は党機関紙『赤旗』の編集技術に関する意見の提出、その他、党の必要に応ずるパンフレット等の執筆をすることを決定したというのである。かくて博士ははじめて非合法日本共産党の党員となったのであった。『自叙伝』に当時のことを次ぎのごとく回想しているのである。

「党籍を得た時の感慨」

食事を済まして階上に落着くと、かねて連絡してゐた共産党員の杉ノ原君が大塚に案内されて訪ねて来た。その時同君は私に向つて、日本共産党は中央委員会の決議を以て今回貴下を党員に推薦したと云ふこと、担任の仕事は『赤旗』の編集技術に関する意見の提出、その他党の必要に応じてパンフレット等の執筆と云ふことに決定したこと、今後の連絡には政治的経験に富んだ『赤旗』の有力者がこれに当ることになつたから、自分は今日限り連絡を絶つと云ふこと、居所は間もなく党の方で決定するから、ここ数日の間を何とか自力で凌いでゐて欲しいと云ふこと、これだけ言ひ置いて辞去した。

入党を喜ぶ

「とうとうおれも党員になることが出来たのか！」

私は誰れを相手にこの喜びを語ることも出来ず、ひとり無量の感慨に耽りながら、遂に一首の歌を口ずさんだ。

入党の歌

　たどりつきふりかへりみればやまかはを
　　こえてはこえてきつるものかな

この歌は私が検挙されたとき詠んだもののやうに伝へられてゐるが、実際は入党の歌である。（『自叙伝』二、一〇五―六ページ）（口絵参照）

蒸し暑い午後であつた。もしうちに居たならば祝ひ心に菓子か冷い物でも取つて貰つて、家内を相手に胸中を語つて居たでもあらうが、今はただ独り、蒸し暑い中から簾越しに、崩れゆく雲の峯を眺めながら、久しい間黙然として尽くることなき感慨と喜びに耽った。

当時党員となつてゐた者の中には何でもない人も少くなかつたのに、さうした人々の仲間に参加しえたことがそれほどまでに嬉しかつたのかと、或ひは不思議がる人もあるであらう。（同、一〇七ページ）

博士入党の喜びや感激は、博士の経歴や人となりを知っている人なら、さぞかしとうなずくことができるのである。愛弟子（まな）の一人、小林輝次氏は、「それによって先生らしい安心立命を得られた。入党の喜びは出獄後も繰返し〳〵秘かに語られていたのである」（『回想の河上肇』一八五―一六ページ）と語っているが、無我愛いらいの利己心と利他心との一致、自己を「天下の公器」として仕上げることを念願としていた河上博士の人物を理解するための手懸りであるといわねばならぬ。

四　儚（はかな）かりし地下時代

党員として地下生活に入る

転々として住居を移る

正四位勲三等・元京都帝国大学教授・法学博士という肩書をもち、学者・思想家として長く天下にその名をうたわれてきた人が、しかも齢(よわい)五十四歳にして非合法「日本共産党」の党員となって地下に潜入生活をするということは、まことに日本歴史はじまっていらいの驚異であった。博士みずからも「逮捕される日がそんなに近からうとは思ひも染めなかつた」と回想しているとおり、博士の「地下生活は僅かに百余日に過ぎなかつた」のである。昭和七年八月十二日に地下に潜入して、翌年(昭和八年)一月十二日に中野の隠家で検挙されてしまった。その間、博士は、初め吉川泰獄宅に、つづいて櫛田民蔵宅に、さらに津田青楓の実兄西川一草亭別宅に、つぎには共産党指定の麻布の小児科医蟹江宅、それからさらに日本画家の椎名剛美宅と、恰(あたか)も幕末の「転々長英」を想わせるようなその居住の移しかたであった。『自叙伝』によれば、その転々として居を移しつつ官憲の眼を避ける自らの姿をば大塩平八郎のそれと対比しつつ、博士の詩的情緒よりして、

自ら大塩平八郎のそれと対比した

興味深く回顧しているのである。その叙述に長々と引用されているのは、日頃博士の私淑していた森鷗外の著『大塩平八郎』伝のそれであるところに、博士の詩人・文人としての低徊趣味が窺われるのであるが、それにしても、まことに「儚かりし地下時代」百四十日の生活であった。しかしそのころの生活記録を読むとき、そこにまたわれわれの心を打つ博士の人間としての特質が滲み出ているのである。

愛嬢も実践活動に入る

すでに京都から東京に移り津田英学塾に学んでいた愛嬢芳子は、実践運動に乗り出すため家を出ていた。当時の環境・社会的情勢は彼女の良心をして安閑と、お嬢さん生活をつづけしめなかったのである。彼女は恐らく長い間ひとりで考え悩んだ揚句、まったく自主的に、学校をやめて、女子労働者の左翼組合への結成に献身の決意をして両親の許可を求めた。「お父さん、自分の子だと思はないで、よそのお嬢さんから相談を受けたものとして考へて下さい」と言われたときには博士も考えさせられた。そして公平冷静に考えて、「万事芳子の希望通り聴き容れることにした」というのである。非合法運動であるかぎり、その後の様子は親子でも分からなかったらしく、博士は、芳子の面倒をみている義弟大塚有章からの、「芳ちゃんも中〻しつかりして来ました」という言葉にわずかに、「吾が娘の生活を想像してみるより外なかつた。同じ東京に住みながら一目見ることも出来ず、どこでどんな生活をしてゐることやら、全く知ることが出来なかつたのである」（『自叙伝』一、九四ページ）。

それのみか、昭和七年十月半ばすぎ、郷里の老母が、実弟河上左京（洋画家）に伴われて上京したときも逢うことができなかった。博士は、かつて昭和四年の冬に、新労農党創立後、大山郁夫らと遊説のために九州に渡ったとき、汽車の窓から見覚えのある故山の風光を間近に眺めながら、往路にも帰途にも下車し老母を見舞う余裕さえなかったので、昭和七年の夏もすぎるころ、老母に「大東京」というものをゆっくり見物させたいものだと思い、手紙を出して予め歓迎の思いを申し送った。実際には家内と連絡をとって老母の上京のことを伝え聞いただけで、一目すら見ることができなかった。地下活動がいかに秘密を要する窮屈なものであったかは、想像できる。

老母とも逢えず

しかし、隠家での博士の文筆活動は、博士の満足の極みであったと思われる。党との連絡が危険で頼りないうちにも、博士は新テーゼの平易な解説を何冊にも分かってパンフレットに書き上げるよう依頼されていたので、朝から夜中まで一日中二階の六畳に立て籠って、その原稿の執筆に全力を傾けた。出来うるかぎり平易明快な言葉と文章で、マルクス主義・レーニン主義の理論的基礎の上に、新テーゼの模範的な解説書を作り上げようと思って、一生の智慧を絞った。地下にもぐっているのだから、自分の文体の癖が出るのを遠慮する必要もなく、検閲を顧慮する必要もなく、実に解き放たれた気持になって、思うことを思うように書

地下における文筆活動

天下の公器としての自覚の喜び

生き甲斐のある生活を喜ぶ

けるのが愉快で耐らなかった。書いても書いても、倦むことを知らず、疲れることを知らなかった（『自叙伝』二、二〇三ページ）と回想している。そして博士の机の抽出には、「農民の革命的活路（農業革命）」「革命の展望（ブルジョア民主主義革命を経て後の独裁）」「人民革命とは何ぞや（労働者及び農民の独裁）」「天皇制の打倒、その意味、その意義」「大東亜社会主義ソヴェート聯邦の展望」などという原稿がだんだん溜って行った。文筆においてとくに豊かな天分に恵まれた博士の、このときの昼夜を分たぬ個人的活動は、おのずから天下の公器としての活動に一致融合していたと察せられる。「私は自分の筆に成つた此等の文章が、やがて党の名において次ぎ次ぎに頒布されてゆく日のことを思ふて、それを如何なる苦難にも代へ難き報酬と感じ、文章を以て世に立つた自分のいのちの生き甲斐のあることを、独り竊に喜んだ。書を読み文を作ることを学んで来た自分が、晩年に及んで遂にかかる仕事に専心することが出来、筆を以つて来るべき革命の偉大な事業に何程かの

そのころ日本共産党は壊滅に瀕していた

参加をなし、聊かなりとも涓滴の貢献を致すと云ふことは、何たる仕合せであらう、実に死して悔なき境涯であると、独り竊に喜んだ」（同、二〇四ページ）と。博士の過去の心の経歴を辿ってみた者ならば、博士のこうした地下における文筆活動への満足の姿に、さぞかしと心のどよめきを感ぜずにはおられないであろう。

しかしそのころは、すでに日本共産党は、党中央部に入りこんでいたスパイ松村一味の暗躍によって、全面的に徹底的に破壊されており、中央常任委員長風間丈吉も中央常任委員岩田義道も逮捕され、岩田のごとき拷問によって圧殺されたり、党中央部の組織も機関も四分五裂、壊滅に瀕しているという状態で、党と博士との連絡など遮断されてしまっていたのである。そのことも知らずに博士の執筆活動は隠家でつづけられ、「国家とは何ぞや」「吾々は日本を愛するがゆえに現在の段階では敗戦主義者である」「国際主義に徹底せよ」「マルクスの偉大なる『空想』の実現、ソヴェート聯邦の発展」等の原稿ができ上った。博士の喜びに満ちた待望も空しく、これらの原稿は隠れ家の机の抽出に死蔵され、やがて博士が逮捕されてから、椎名剛美の手によって焼かれてしまった（『自叙伝』二、二六四ページ）。このころの博士の生活は、椎名の「二階の河上博士」（『中央公論』昭和八年三月）に如実に記録されている。

「二階の河上博士」

銀行襲撃事件としての、昭和七年十月六日の「大森ギャング事件」が報道されたとき、日本共産党が如何に活動資金に窮乏を告げていたかということの想像が高まった。しかも十月三十日の共産党全国代表者会議開催地熱海を中心に党の中央幹部および全国にわたって二千二百名の党員が検挙され、党は完全に麻痺状態に陥ってしまっていたのである。大塚有章は昭和八年一月五日に逮捕されたが、大塚さえも逮捕されてはじめて党の壊滅状態を知ったとのことである。大塚は博士の次女芳子の面倒をみつつ、それまで党と博士との連絡に当っていたが、義兄がこうした客観的情勢のもとにこれ以上地下生活をつづけていたところで、「運命

大塚有章、博士の居所を漏らす決心をした

博士逮捕さる

は風前の燈火であり、自分が死を賭して秘密を守ってみたところで無駄」のことと考えて、敢えて博士の居所を漏らす決心をした。一月十二日の夕、警視庁警部原田恒太郎ほか三名の特高が、右の旨を記した大塚の書面をもって椎名宅に踏みこんで来た。その夕は博士の孫弟子の内田丈夫(たけお)が来訪中であった。博士は大塚の手紙を繰返し読み終った。特高は「分かりましたか」と言った。博士は「はあ、分りました。いつでも参ります」と静かに答えた。特高らはすぐ隈(くま)なく型のごとく室内捜索で、本箱や抽出し・押入れの中もかき廻した。椎名夫人は、主人の不在中に二階へ押しあがってゆく警察の人達を玄関で防ぎ止めることが出来なかったのを、自分のひどい落度でもあるように気が咎(とが)めているようで、涙ぐんだ顔付・おろおろ声・おどおどした態度で、博士の牢獄への門出に何とか厚意をと思ったが、このさい仕方なしに、生(なま)の鶏卵を湯呑に割って持って来た。博士は「ありがとう」と言って卵黄(きみ)二つを一口に呑んで、椎名夫人に別れをつげた。「そして廊下から玄関に出ようとする途端に、奥の間の炬燵で物に襲はれた小鳥のやうに、小さくなつて固つてゐる椎名家の二人のお子さん達を顧みて、『佐様なら』と声をかけた」。薄暮の街を縫うて特高に附添われた博士の自動車は中野警察へ着いた。昭和七年九月二十一日初めて党の指定した隠家に這入つてから百十日目、西大久保の家を出てから約五ヵ月目。かくて博士の「地下生活は儚くも一場の夢となつた」。

大内兵衛博士は、河上博士が政治的実践の立場から、櫛田民蔵を厳しく批判したことについて、いくつかの文章で、櫛田に同情し、弁護している。「先生の考へ方は、いつも、非常に直線的であつたことは事実だ」ということ、そのため、「先生は他人を量るにおいて、やや酷に過ぎたともいつて見たいのである。何にしても、櫛田君が書斎に引っこんでゐて動かないといふため、または、櫛田君が共産党のために働かないといふために、先生の怒を買つたのは、先生にとつても櫛田君にとつても悲しいことであつた」。そして「この時代、櫛田君の話相手を承つた者は、かく申す私であるが、私の記憶では、当時の櫛田君は、マルクス主義の発達成長に対して狂ふが如く熱心であり、共産党の運動にも蔭ながら力を懸命に入れてゐたのであるから、その点では先生に誤解があつたと思ふ。ただ櫛田君は、いろいろの事情を考へて自分や河上先生のやうな学究は、学究としてこの運動に参加すればいゝのであつて、必ずしも直接実践に参加しなくてもよいとしてゐたに過ぎぬのである」(『河上肇より櫛田民蔵への手紙』一八七ページ)。さらに他の文章では、河上博士の政治的実践は、きわめて素朴であり、単純な実践であって、いわば「赤ん坊ないしは少年の実践」にすぎなかったことを観察している(大内兵衛「マルクス主義の開花期」)。また古田光氏は、河上博士の政治的実践をもって、「それは、一マルクシストの倫理的実践としては、比類なき純真・高潔な実践、いわば『殉教者的な実践』でもあつた。まさしくこの点に『マルクス主義者』河上の悲惨と偉大とを見出すことができる」(古田光著『河上肇』一五五ページ)と。事実、当時、河上博士のみでなく、マルクス主義政治的実践につき、マルクスの理論体系の素晴らしさにたいする信仰と、当局の物凄い弾圧下では古田氏の評言のごとく、「個々のマルクス主義者たちは、その理論の大局的真理に対する確信を堅持しつつ実践を続けていくためには、ほとんど『殉教者』的な努力を要求されていた。言ひかへれば、その政治的実践は、極端な倫理的緊張を要求されてゐたのである」

（同、一五五ページ）。その事実を傍証するものとして、河上博士は、検挙され、投獄されて、心の平安を保ち得たようであるし、当時、検挙され拷問を受け、投獄された教授や青年学生マルクス主義者たちと、最近そのころの心境を正直に語り合うと、殆んど例外なしに、検挙・拷問・投獄によって、むしろ、マルクス主義者として、ある義務を果した思いでホッとしたと言うことを微笑とともに感想を漏らすことによっても明らかであろう。当時の潜行的マルクス教師・学生の政治的実践は、多かれ少なかれ、その「殉教者」的倫理的緊張において、博士と共通点をもっていたと言ってよい。

第六　河上博士の人生哲学

一　博士の宗教論

宗教問題についての確信

昭和八年一月十二日に博士が東京中野の隠れ家から検挙され、やがて八月一日の第一回公判によって懲役七年の求刑、八月七日の第二回公判廷で五年の判決を受け、その九月二十六日に入獄となった。博士によれば入獄の当初から、刑務所における課題として、科学と宗教との関係、特に「マルクス主義と仏教との関係」を選んで、年来の問題の解決に立ち向う決心であった。その理由は、第一に宗教的修業なら刑務所は修道院に次いで最もそれに適する場であると感じたからであった。第二に、ことに博士は宗教、特に仏教に対して、日本のマルクス主義者中、

宗教的な体験を重視するマルクス主義者

自分ほど真の理解を有するものは稀であろうという自信をもっていた。マルクス主義に委しいものは、とかく宗教のことを知らず、宗教に通じているものは全くマルクス主義を理解していないというのが普通であるが、博士みずからは、その例外をなしていると自信をもっていたのである（『獄中贅語』六八ページ）。

博士が若いころから宗教的関心の深かったことは自ら告白しているとおりであるが、「無我愛」のころは近親から発狂したのではないかと疑われるほど熱狂的であり、当時「神仏の出現」として綱島梁川の見神事件や宮崎虎之助の救世主騒ぎとともに博士の「無我苑」入りが問題になったほどで、登張竹風などは『舌筆録』の中で、「河上君に救はれて極楽や天国に行くより地獄に落ちる方がましだ」などと毒舌を吐いた。しかし博士の回顧によれば、一たび宗教運動に熱狂せしめた動力が、さらに博士を駆ってマルクス主義の研究に専心せしめるに至ったのであるとまで言っているのである。博士は「私はさうした体験を経て始めてマル

博士の人物を知る有力な手懸り

クス主義に出て来た者であり、寧ろさうした体験を経たればこそ始めてマルクス主義者となり得たとすら云へるのである。私が烏滸がましくも、私はマルクス主義者の中で宗教に対して最も理解を有して居る者の一人であるなどと自称するのは、以上の如き閲歴を有つて居るからである」（『自叙伝』七一二ページ）。そして宗教的真理と社会科学的真理とについて並々ならぬ自信・確信を述べているのであるから、マルクス主義者河上博士の宗教観こそ、博士の「人間」を知る有力の手懸りであるといわねばならぬ。科学上の真理と宗教上の真理とは、博士によれば、「一方を本当とすれば他方は誤謬とせざるを得ないと云ふやうな排他的な関係に立たされて居るものでは無い」（同、七三ページ）という。では博士は、この「科学と宗教」との問題をマルクス主義者として如何に理解し処理したのであるか。これについて、青年時代の「奇異なる宗教的体験」を博士においては、単に過去の歴史的事実として捨て去ったことでなく、「無我苑」事件は、博士の全生涯の成長と、内面的に深く結びついていることを繰返し強調しなければならないのである。

二　『獄中贅語』

宗教論執筆の態度

『獄中贅語』は昭和十二年一月三十一日に起稿、三月十八日に完稿、同五月二十一日にその清書の業を了ったもので、博士五十九歳出獄前の感想録である。刑期終了して杉並区天沼の自宅に帰られたのが六月十五日であるが、みずから記しているように、「何事も極めて率直に書いたもの」であり、「事の真相から」遠ざからぬように、「特に一切の狐疑を棄てることにつとめた」ものであり、「嘘を書いてゐる個所は一つも無い」と宣言しており、はじめから世人の「毀誉褒貶・是非得失の批判」を覚悟のまえで、しかも「何等の矛盾をも意識することなく、

「獄中」において「自由」に執筆したという

聊かの不安をも感ずることなく」執筆したものである。それだけに晩年の博士の心境を窺うに最も適切なものであるとともに、われわれの心を打つ言葉にみちみ

ちているといってよい。博士はいう。——一個の学究として、これまでやれるだけの事は已にやって来たつもりである。学問をさせて貰った仕合せに報いるためには、力の及ぶ限り一応はその学問上の信念を主張して見なければならぬが、しかしすでにそのために国禁に触れるまでのことをなした以上、もうこれでひと通りの義務は終えたものと諦めて差支えあるまいと思うのである、と言っている。

事実、博士は昭和三年京大教授を退いて間もなく公にした『経済学大綱』の序文の中で、「私はたとひ火に炙られるとも自分の学問的信念を渝へないつもりである」という意味のことを書いたが、今にして自分は、その言葉を顧みて、心に疚しとする所はないのであり、いたずらに筆を弄した大言壮語でなかったということを自認されているのである。そしてマルクス主義者としての博士晩年の心境はつぎのごとき「悟り」の境地であり、諦観の人生的態度であった。

私的諦観の人生的態度

私は過去を顧みて何の悔ゆる所もない。その点に於いて私は改悛の情なきも

非転向を貫く

のと看做(みな)されても致方ない。しかしながら、刑期を終へて釈放された暁には、私はもう世間から全く隠居する決心であり、再び法に触れて刑務所に逆戻りするやうなことはしない積りである。率直に言へば、それはマルクス主義が誤謬であると考へるからでもなければ、共産主義運動が間違つて居ると考へるからでもない。ただ私は間もなく六十を越さうとして居るのに、もう一度国禁に触れるやうなことがあつたら、今度こそは愈〻牢死するの外あるまいが、さういふ方向を目指して進むことには、最早や私の気力が耐へ得ないのである。

「私的没落」や「引退」は「転向」ではない

と反省している。さらにまた、

私のやうな微力な者が、今のやうな時勢の下で再び共産主義運動のために働くと言ふことは、最早や望なきことである。そんな力不相応なことを企てたなら、弱い私は却て反対の方向に折れて、裏切する位がその最後の落(おち)となるかも知れない。私はそれを虞れるから、この際綺麗に退陣し、死ぬまで隠居して如何なる流れにも棹ささない決心である。（一六六ページ）

と宣言した。

肉体的に老衰した学者の最後の後退線

博士は『獄中贅語』の序文で、「マルクス学者としての生涯を閉じる。この一文は即ちその挽歌であり墓碑銘である」と書いているが、それは率直に晩年の心境を述べたもので、公的な「引退」は、「転向」によって政府の思想善導の道具となったり、人々のマルクス主義研究への疑念や障碍になったりするようなことを避けるためであった。それは国権の弾圧下、河上的後退線の最後のぎりぎり結着の拠点に立ったものであるといわねばならぬ。

三　特殊なマルクス主義者

一般にマルクス主義者は「宗教的真理」というような永久的・観念的形態の存

在は否認するものと考えられているが、河上博士が「宗教的真理の存在を承認するマルクス主義者」(『自叙伝』五)と宣言したことは一般的には甚だしい自己矛盾であるといわねばならない。しかも博士は、これが「思想方面における私の特殊性である」と自負(じふ)している(同上)。架空的救済しか与えない宗教から民衆を解放するために努力しなければならないはずのマルクス主義者が、このような宣言を読んで当惑するのは、けだし当然のことである。しかしマルクス主義の原理と矛盾する思想をもって、自分の特殊性であると自己規定をしているかぎり、その「特殊性」を人間河上肇の特殊性として理解する点に思いを集中しなければならない。公式論的にマルクス主義者を典型化して、それと対置して博士の論理的矛盾として簡単に指摘することは、生命がけでその日その日を生きてきた人間河上博士を評価する道ではない。特殊なマルクス主義者として河上博士を理解すること、その「特殊」とは人間河上博士において如何なる意味で特殊なのかという点を凝視(ぎょうし)する必

「特殊性」とは何か

要がある。それには一応、マルクス主義社会科学者としての学問的な宗教観と、個人河上博士の体験を通しての宗教的真理の自覚とを一応区別して、両側面から人間河上博士にアプローチしなければなるまいと思う。

唯物論的社会科学者としての宗教観

博士は「宗教的真理及び宗教について」の一文に、「私は唯物論者である。私は自然（存在・物質・物）を第一次的なものとなし、精神（意識・思惟・心）を第二次的なものとなすことに於て、何等の疑をも存しない」と述べている。まさしく唯物論の立場である。それなのに、なお宗教的真理についての自らの「体験」と思想と理論とを論じていることに注目すべきである。「私はマルクス主義を奉じながら、宗教的真理なるものの存在を信じてゐるのであつて、この点に私といふ特殊性がある。」「畢竟私が、宗教的真理の存在を承認する一個のマルクス主義者として自己を規定することが出来るのは、謂ふところの宗教的真理の存在に対して特殊の見解を抱いてゐるからに外ならない」という。博士は宗教への理解につ

特殊の見解を抱く

いて、つぎの五個の問題を提起している。㈠宗教的真理は何を問題とするか、㈡宗教的真理は如何にして把握されるか、㈢人はかかる真理を把握することによって如何なる利益を得るか。㈣宗教的真理と宗教との関係、㈤宗教的真理と科学的真理との関係、これである。ここでわたくしは博士の一般的宗教論そのものを詳細に論述しようとするのでなく、マルクス主義者として、宗教的真理を是認し、どのように矛盾なく博士の心のうちに統一しているかについて窺いみようとしているのである。そこにこそ博士の「特殊なマルクス主義者」であることが理解されるからである。

いうまでもなく河上博士は、マルクス主義の立場から宗教の起源やその歴史的性格について承知している。生活の不安、その不安に対する無防備・無力感。そして老・病・死に対する恐怖。その大半は自己及び自己の家族の経済的不安から生まれる。「現代の社会に於ける下層民が宗教を信じるのは、たゞ彼等が無智なるが為めではない。貧困なるが為めである。貧困にして不安なるが為めである。」「宗教は何故都市プロレタリアートの後(おく)れた層の中に、また半プロレタリアートの広汎な層や農民大衆の中に維持されて居るのであるか？　現代の資本主義社会に於ては、宗教の根源は主として社会的性質のものである。労役大衆が抑圧されて居ること、彼等が資本主義の盲目的な力に対し外見上絶対に無力であること、このことのうちに、今日に於ける宗教の最も深い根源を求むべきである。」「資本の力は国民大衆の力によつて予見され得ざるものであるが故に、それは盲目的に支配する力であり、それはどこまでもプロレタリア及び小所有者を追窮して彼等を脅(おびやか)し、彼等の上に、突然に、予期なしに、偶然に、零落・没落、乃至は乞食や被救恤者(ひきゆうじゆつしや)や淫売婦やへの顚落を齎(もた)らし、彼等を餓死に委(ゆだ)ねることが出来るが、かゝる資本の盲目的な力に対する恐怖――これが今日の宗教の起源である。」「恐怖が神を造り出すのである。」そしてレーニンの見解として「神（仏といふも同じ）

宗教は民衆の阿片

一応はカント哲学的二元論のごとくである

なるものは、歴史上・実践上、いつでも、人間が外界の自然ならびに階級的隷属制によって愚鈍なる意気銷沈に陥られてゐる結果生ずるところの諸観念の結合物であり、かゝる意気銷沈を固め、階級闘争を眠り込ませる諸観念の結合物である」という言葉も掲げており、階級社会にあって、宗教的真理が、民衆の阿片として宗教に転化するということを論じているのである（同書、一二八ページ）。従ってマルクス主義者が一応叫んでいる宗教に関するこのような言葉や見解は、もちろん、博士が知らぬ筈はないわけである。マルクス主義社会科学者としての博士は、宗教的真理は民衆の阿片として宗教に転化するといっているのである。それ故に、博士の宗教的真理なるものが問題となるわけである。思うに「不変の道徳」と「可変の道徳」という博士の抜けがたき考え方が、宗教においては、「宗教的真理」（絶対不変の世界）と「民衆の阿片」（歴史的・現象的・可変の世界）という思考方法に対置されているわけである。この思考方法においては、博士は一応はカント哲学に

河上博士の二元論克服の意味

おける「理体界」と「現象界」という二元論の立場に立っているがごとくであるが、カントにおいて永遠・神聖・絶対の理体界は、考えることが出来るが認識することが出来ない世界として深く高く聳え立ち、可滅・可変の因果法則の支配する現象界と対立し、この二つの世界の連絡・交渉は理体界が現象界をアフィチーレン affizieren（触発）することに始まると言って、理体界に適用してならない「触発」という因果法則を適用しているところにカントが論理的に根本的な矛盾を犯しているわけで、ここにまたカントの二元論の破綻の理由・根拠が内在しているわけであるが、河上博士においては――そしてこれが河上博士の特殊性であるが――この二つの世界が、「宗教的体験」という若き日の「最も奇異なる」体験の事実によって感性的に統一されているのである。この「最も奇異なる宗教的体験」は、博士二十七歳のときの「無我苑」における「体験の事実」として「博士にとっては」絶対的のものであり、第三者の容喙を許さざる博士の「特殊的」な、永遠の世界である。博士は若き日のこの体験を、最後まで持ちつづけた。『自叙伝』の中、「ともかく十二月九日の夜半に私の経験した精神の動きは、余程激しかつたものと見え、私はそれから数日の間、全身に亘つて殆ど皮膚の感覚を失ひ、手や足を抓つて見ても、少しも痛みを感じないで通した。……しかしそんなことはどうでもよい。大切なことは、私は之によつて多年の疑問を解決し、爾来今日に至るまで四十年の間、幸に身の軽きを覚え得た、といふことである」（一四九ページ）と回想している。この「体験」こそは博士特有の事件であり、博士がここで「そんなことはどうでもよい」と軽く語り去った「そんなこと」こそ、博士の「宗教的真理」につき「大死一番」なるものの解決の鍵として、絶対的に重要なものなのである。カント哲学における論理としてのアフィチーレンの誤りが、博士においては、この誤りを超えたところの「絶対的体験」として自覚されており、これがまず第一に博士の特殊性としての、カント的理体界と現象界の統一が、博士におい

体験による宗教的真理

ては、永劫不滅な、絶対不変の「宗教的真理」として自覚され、観念されていることであり、第二には、この「絶対的・永劫不滅」と自覚された根拠は博士の「体験」から来ているわけであり、その体験なるものが、一般的には無媒介的な禅的な「悟り」の境地へ飛躍しているのに反し、博士においては、「そんなことはどうでもよい」という肉体的現象を事実媒介として、精神的な「悟り」が現象したので、「万里雲なし万里の天」と融合一致した心境が体得されえたのであった。博士にとってまさに「絶対不変」の境地であり、永劫不変の「宗教的真理」の確信であり、第三者による観念や論理での批判を許さざる博士の「特有の世界」である。わたくしは、この点において、長谷部文雄氏の「先生がここで『精神の動き』の結果としての肉体的現象と解しておられることを、私は、肉体的現象（癲癇的発作）の結果としての精神の動き（幻覚）としか解することができない」（『資本論随筆』一四三ページ）という頗るドライに見える唯物論的観察に全面的に賛意を表するものである。博士の生涯を通しての確信に満ちた言論と行動、そして国権の強制下にあっても「柔軟なる真理への追及」の頑強・執拗（しつよう）な学究的態度、「百万人といへどもわれ往かむ」の闘魂、一度誤りを気づいたときには、思想的にも対人的にも、断乎として清算し、訣別（けつべつ）する勇気と良心、死にいたるまでの「非転向」等々すばらしいいっさいの「博士の人柄」は深くこの体験に基づく求道の精神に根ざしていると信ずるのほかはない。

共産主義と新しい人間形成への期待

社会的生産諸力の発展と社会主義国家から共産主義社会への推移――マルクス主義国家論に立って、ブルジョア国家の死滅と社会主義国家という共産主義への第一段階を経て、共産主義社会の到来、これに相応して、自主的に、能力に応じて働らく新しい社会的人間の形成される現実的・歴史的過程――から社会的人間を強調するという一般的理解はいうまでもないが、博士が、この社会化される人間、社会化さるべき筈の人間を考えたことである。この社会科学的・論理的認識

マルクス主義と宗教的体験との結びつき

河上的特殊的現象である

が、博士にあっては、「奇異なる宗教的体験」という特有の事件からの絶対的無我・絶対的非利己主義の自覚となってオーバーラップし、ここに「社会科学的真理」とともに「宗教的真理」の永久性・不変性という非合理的境地が生々として自覚され、主張される根拠となったと見るべきである。そこでは利己心と利他心の命題が絶対的非利己主義という自覚となってマルクス主義理論の歴史的実践と私的体験において矛盾なく、しかも生々として発現しうるわけである。かくてこの「宗教的真理の是認」という自覚がマルクス主義者としての博士に特殊的であり、矛盾なく統一して情熱的に、人間河上肇という個体の中に血となり肉となって生々化育しえたと見るべきであり、青年時代からの儒教的倫理感覚、いわゆる抜き難き人道主義も、特殊な宗教的体験を通して、マルクス主義者としての一生涯のうちに依然として最後まで思想的生命を保っていたのである。それゆえに若き日以来、抜き難く身についた儒教的教養に融合した「特殊なるマルクス主義者」

河上的特殊性として理解する

あるいは「東洋的マルクス主義者」という性格についての人々の呼称は、一応それが承認されるわけであるが、さらに竿頭一歩を進めて、その特殊性は、あくまで類例のない「河上的特殊性」として理解されねばならぬと思うのである。

四 「非転向」のマルクス主義者

日本におけるマルクス主義の確立者

わが国におけるマルクス主義の歴史を顧みて、優ぐれた実際運動の先輩や、マルクス経済学の理論的水準の高さや、弁証法的唯物論の理解の深さや、『資本論』その他マルクス主義諸文献知識の広さや解釈の詳細等について、河上博士に勝る思想家・学者の存在していたこと、また現に存在していることを、少しも否定するものではないが、マルクス主義一般の確立者が河上博士であったということについては異論をもつものはおらないと思う。とくに博士はマルクス学者としてすぐれた存在であり、特質あるマルクス主義者であった。そして日本での思想犯人に関するかぎり、「マルクス主義（共産主義）を誤謬と思はしめるやうな可能な限りの、あらゆる設備の整ってゐる」刑務所で、身体の健康でもない五十五歳の博士が五十九歳まで五ヵ年間の労苦を重ねても、そのやうなこらしめは博士の「学問上の信念（マルクス主義の真理性に対する確信）は、実は微動だもして居ない」（『獄中贅語』）のであった。

マルクス主義への学問的信念を抱持した

マルクス主義者として「私の眼中にあるところのものは、百年後・二百年後の世界である。たとひ日本共産党が全滅し、コミンテルンが全滅したとしても、私の学問的信念には聊かの動揺も生じないのである」（同書）という。

佐野・鍋山への批判

転向問題について、博士がかねてから尊敬していた同志であり、実際運動の上において遙かに先輩であると考えていた佐野学や鍋山貞親などの転向について、博士は、「人は長く牢獄に繋がれてゐると、致命の毒酒を呑まされたやうに、理性も何も麻痺させられてしまふのかも知れない」といい、さらに「これらは積極的転向者である」という意味は、「昨日まで源氏のために働いてゐた者が、忽ち頭をめぐらして平家の与党となり、今後は源氏の討伐のために手腕を揮ひたいと号してゐる」人間であるという批判をしているが、かれらに反して博士の非転向はまことに根強いものであった。「一身の利害得失によつて自分の学問上の立場を左右するほどなら、私は最初から何を苦んでマルクス主義を信奉するに至つたであらう？」といい、大学在職中から「常に免官を覚悟して、ただ学問的良心の命ずるまま徐々にマルクス主義の方向に進んで来たのである。もし一身の利害安危によつて言を左右にすることの出来る自分であつたならば、私は当時早くも行手に黒雲を望み見て疾くにマルクス主義の陣営を見棄て去つたであらう」（同書、四三ページ）といっている。

世界情勢にたいするマルクス主義の観察

それのみか、さらに積極的に博士の確信の一端をば世界大戦の勃発にさいして、つぎのごとく述べている。「何人が斯る世界戦争の不可避性を科学的に立証したか？　何人が其の根本的原因を科学的に把握したか？　何人が其の根絶に対し科

マルクス主義者の世界大戦観

学的確信を有するか？　マルクス主義者・共産主義者を舎(お)いて外には無い。これは何としても動かすことの出来ない私の確信である。それゆゑに私は、獄中にあつて、気分の弱る毎に往年の世界大戦を想ひ出しては、自分の志を励ました」（同、五七ページ）というのは、「世界戦争を不可避的なものたらしめる真の原因を知る者はマルクス主義者の外になく、これを根絶せしめて地球上に齎(もたら)す真の方策を知る者も、その方策のために身命を賭して闘ふ者も、またマルクス主義者の外にないからである」（同、五九ページ）と。これらの言葉によって博士のマルクス主義の真理性にたいする確信も非転向の理由も充分に洞察(どうさつ)しうるので、これ以上、多く言葉を博士の著述から探し出す必要もあるまいと思う。

博士がこのように「非転向」を貫徹し得た根拠は、博士が「私の人格の本質」として自らを規定した青年時代から一貫してきた無我愛にもとづく、「滅私奉公」と「天下の公器」としての自覚に現われた「求道(ぐどう)」の精神が「体験」を基礎とし

宗教的・倫理的・絶対的非利己主義と共産主義の公共性との融合

て練りあげられていたことによる。単に社会科学的理論からのみでなく、「社会科学的真理」が「宗教的真理」の確信において、とくに宗教的「体験」において、融合統一しているという博士独得の自覚の賜（たまもの）である。求道者として「我執（がしゅう）」や「利己的自我」を超克し、絶対的非利己主義への精進が、「天下の公器として生きる」という根本的自覚が、抜くべからざる倫理的・宗教的な本質的人生観となっており、それが社会における学問的・政治的な世界観と結びつく可能性があり、当然マルクス主義・共産主義につながるものである。そこに「滅私」が「奉公」と融合され、社会主義・共産主義の公共性が社会科学的真理として論理的に確信づけられるわけである。もちろん、「滅私奉公」や「天下の公器」の考え方は、『日本尊農論』や『経済と人生』の極端な国家主義とも結びつく抽象概念であるが、博士のマルクス主義への思想的発展や社会科学的真理としての学説的把握は、それが「求道」の精神に貫かれて、「非転向」の根拠をなしたといわねばならぬ。

昭和八年八月二日

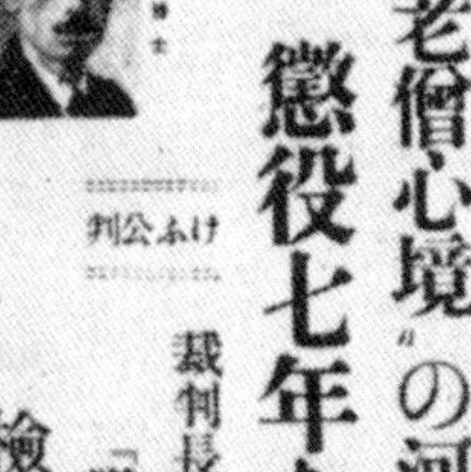

河上博士

けふ公判

"老僧心境"の河上博士
懲役七年を求刑さる

裁判長、優しく椅子を與へ
「獄中獨語」の矛盾を指摘す
檢事、徹底清算を要望

老僧の心（求刑当時の新聞掲載記事）

ここで博士が求道者として、宗教的体験の保持者として、また近代的社会科学者として、矛盾なく自らの安心立命を体得しえたのである。それは本質的に「非転向」のマルクス主義者として、求道の精神に裏づけられた学者として、東洋的マルクス主義者の姿でありうるわけであり、さらに河上的マルクス主義者である理由である。

博士の「東洋的マルクス主義者」である論理的・倫理的根拠については、古田光氏の『河上肇』および、石川興二氏の「河上祭」十五回リーフレット・『経済論叢』（第八〇巻第四号）・『同好』（第二号・三号）誌上における論評において詳細に分析されている。

第七　獄中・獄外

一　『獄中独語』執筆前後

『自叙伝』の第二巻の後半は中野警察署における留置所の生活、差入れのこと、夫人との面会のことや取調べの様子、そして半ヵ年の地下生活と半ヵ月のこの留置所の生活で博士の身体は大分弱ってきたことなどの描写、第一回の公判や懲役五年の判決の言渡しを受け、中野警察署から警視庁を経て豊多摩刑務所に護送されるまでの詳細なる記録である。尨大な第三巻は、ほとんど五百ページを挙げて長い千三百六十余日、四ヵ年に亘る小菅刑務所における獄中生活が記述されている。仮釈放への熱望や、釈放後の生活方針にたいする意見、吉村検事との問答、出獄前後における藤井判事との面会と、博士最後の哲学——人生観や世界観を記述した『獄中贅語』執筆事情や、満期服役・出獄にまで堪え忍んだ人生体験は、晩年における人間河上肇を知る何よりの手掛りである。中野署から豊多摩刑務所に護送された日の感想をつぎのごとく記述している。

豊多摩刑務所へ護送された日

やがて私は舎房に導かれて、三畳敷の独房に入れられた。これまで監獄の話など気に留めて聞いたこともなかつた私は、生れて始めて監房といふものを自分の眼で見たのである。それは警察の留置場と比べれば、遥かに小綺麗なものであつた。

私はつひ先程までその豚箱に居たのだ。そこでは、じめじめした、ごみ臭い、饐えたやうな濁つた空気の漂ふ、薄暗い狭い室の中に、いくつかの人間の頭が、強制された沈黙を守りながら、蠢めいてゐるのが見える。室内の感じを一層醜悪ならしめるために、隅の方には、蓋のない木桶の便器が一つ置かれてゐて、汚物が殆ど溢(あふ)れるばかりになつてゐる。私はともかく保護室と名の附いた畳の敷いてある室に入れられて、特別扱ひを受けてゐたのだが、しかし其の室ですら其の薄暗さと汚(きたな)さとは、丁度豚でも追ひ込んでおくに相応(ふさ)はしいものであつた。さうした所で約半ヵ月寝起きして来た私である。今私の容れられた監房は、ひどく旧式のもので、窓は極く高くて小さく、普通の住宅に比べれば遙に薄暗い陰気な室ではあつたが、しかし最初の印象は頗る小綺麗なものに感じられた。それにここでは衣類や夜具の差入も許されると云ふことである。「よしよし、これならいくらでも辛抱できるわい」と、私は先づ一と安心した。(『自叙伝』二、三一七—八ページ)

看守長は博士が室に這入(はい)って編笠を脱いだ時の姿を一目見ただけで、「つひ近頃まで大学の勅任教授をしてゐた人ださうだが、こんな弱々したからだで、齢(とし)を取つてから、いきなりこんな所へ来て、これから先き無事に勤まるか知ら」と気

市ヶ谷刑務所へ移される

の毒に思ったそうである。果せるかな、一月の末に入所した博士は、三月の初めに早くも病監の人となったほどであった。取り調べはこうした間にも続けられ、やがて、予審終結の日、予審判事から今後の方針はどうかと訊かれたとき、保釈の可能性が実現されるであろうと考え、保釈で出されたらその二―三年の間に「今生の思ひ出」に一所懸命勉強して『資本論』の翻訳を完成したいと考えた。六月三日の公判が延期になって二十日目に博士は鉄製の手錠を嵌められて、豊多摩刑務所から、未決監市ヶ谷刑務所に移された。ここでは、かつて訊問された戸沢検事と逢って『獄中独語』を書くことにした。昭和八年七月二日のいわゆる「自己を葬るの弔辞」であり、それは第一回の公判の前である。それは同時に博士の心の中では「自らを救ふ呪文」であった。しかしこの呪文も結果からみれば公判においては役立たなかった。しかし七月六日に発表された『獄中独語』は、すぐ各大新聞に頗る好意的な批評のもとに掲載された。博士自身もこれを発表してから、

懲役七年を求刑される

「裁判は執行猶予になるものと望みを囑してゐた。」ところが、治安維持法第一項前段の規定の適用によって、八月一日東京地方裁判所の第二陪審廷で懲役七年の刑を求刑されてしまった。第二回の公判は一週間後の八月八日であったが、その間にも博士は執行猶予になることを思いつづけたが、裁判所は、案に相違して執行猶予にはならず、「懲役五年に処す」という判決であった。博士はその判決理由書を読みきかされている間に、「よろしい、では五年の懲役に服さう」と決心したのである。

判決は懲役五年、下獄に決す

治安維持法

治安維持法は、大正十四年四月、第五十議会において、当時のいわゆる「護憲三派内閣」の手によって、普通選挙法の制定とともに制定され、同年五月十二日から施行された法律である。全文七ヵ条から成り、その第一条第一項というのは、国体を変革することを目的として結社を組織したる者または結社の役員其の他指導者たる任務に従事したる者は、死刑または無期若(もしく)は五年以上の懲役若は禁錮に処し、情を知りて結社に加入したる者または結社の目的遂行の為にする行為を為したる者は、二年以上の有期の懲役または禁錮に処す、というのである。

控訴期間は七日しかない。もしそれを過ぎれば判決は確定してしまうので、弁護士のすすめに従って博士は一応控訴の手続きを取ることにしたが、けっきょく夫人や鈴木義男弁護士などとも話合いをした末、九月十五日に控訴取下げの手続を取った。「即ち昭和八年九月十五日、この日を出発点として、私は向ふ五ケ年、前途千八百二十五日に亘る長途の旅に立つたのである」(『自叙伝』二、四七三ページ)という。

控訴申請書を取下げ服役に決す

控訴取下げの手続を終えたころの博士の切々たる心境は次のごとくであった。

服役への心境

今までと違つて、一日過ぎれば兎も角千八百分の一だけは歩いたことになる。僅かそれだけでも刑期が減つて行くと云ふことのために、心の底に何かしら頼りどころが出来た思ひがさせられた。しかし千八百余日の先きと云へば、今五十五になる私が六十歳に達する時である。私はその六十歳になる時にでなければ、再び老母を見舞ふことも出来ず、妻子と団欒することも出来ず、

一日千秋の思い

孫たちの頭を撫でて遣ることも出来ず、親しい友人と半日の清談に耽ることも出来ない。私は監房の小さな窓から、白いちぎれ雲の浮んでゐる秋の夕空を眺めながら、これで今日も千八百分の一だけ歩いたのかと思ふにつけても、実に前途遼遠たる思ひをさせられた。(『自叙伝』二、四七四ページ)

こうした気持で下獄し、「懲役」の生活を始めたのであるが、留置所や刑務所に入れられた経験のある人々には、自由になる日までの日を数える日々の気持が、胸いたきまで切実に感得できることである。博士は、その六月中旬には、五十二キログラム五百あった体重が、下獄後二週間するうちに、忽ち五十キロに減少した。これから先き五年間に、果してどこまで減つて行くものやら心細く思った。「総ての綱が切れて、深い深い井戸の底へ沈んで行くやうだつた。今の私はただ、九十六歳の長寿を保つた祖母天寿院法悦妙巖大姉が、八十歳までながらへた父を経て、私に伝へて呉れても居るだらうところの、全身の細胞の環境適応性に頼るの外はなかった。」（『自叙伝』二、四七九ページ）というほど、いたいたしいまでも思いつめていたのであった。

昭和八年十月二十日、恰も博士五十五歳の誕生日に当っていたその日、氷雨まじりの烈風の中を、博士は小菅刑務所へ押送された。

小菅刑務所へ押送さる

荒川堤の裾、葛飾野の一角――時計台を兼ねた高い草色の見張塔を中心に、ラインの河岸に残つてゐる中世紀の古城を偲ばすやうな、灰色のコンクリート三階建の、各々六百余人を収容しうる、南部と北部の舎房を両翼となし、十数棟の工場と広々とした農場とを従へ、繞らすに高いコンクリートの分厚な土塀を以てした小菅刑務所――これが向ふ五ケ年間私を社会的に圧殺しておくために、真黒に塗つた鉄門を開いて今私を呑み込んだ軍部的・警察的・半封建的日本帝国主義の牢獄である。

と。この刑務所の描写に托して、小気味よく博士が鬱憤を晴らした名文をもって

『自叙伝』第二巻の筆を擱いたのは、昭和二十年六月十九日であった。このころ、こうした性格をもった日本帝国主義の支配者たちは、太平洋戦争で、国民大衆に敗戦また敗戦の事実をひたかくしにかくしつつ、一億玉砕による最後の勝利を国民大衆に強いていたのであった。

二 出獄まで

老母の手紙に落涙

第三巻の獄中記は、編笠姿の「本田弘蔵」の生活記録である。本田弘蔵は、有名な三十二年テーゼの翻訳者としての博士の匿名であることはいうまでもない。彼の郷里の老母にたいする思慕、妻・娘への愛情が淡々としてたくまざる描写によって綴られているが、翌年の一月六日には、博士は、十二月二十六日づけの老母からの獄中初めての手書を受けとった。「母はお前の帰るまでは元気で居るつもりゆゑ、何卒々々御身も気をつけて丈夫にて居て下さいますやう、これのみ祈つて居ります」という。博士はこの一節を読んで涙を落した。こうした感傷を胸に秘めつつ、八年十月から翌年二月まで、さらに二月から十二月半ばにかけて、随分沢山のドイツ語の社会思想・哲学関係の文献を翻訳しつづけた。その間、佐野学・鍋山貞親らをはじめとしてマルクス主義者・共産党員の大量的転向の時代が来た。

佐野学との面会

それのみか、獄中で佐野学と面会する機会があったが、けっして愉快な会見ではなく、「どう間違つたとて佐野の仲間入りをする気はなかつた」ので、このような検察当局の手を替えての勧誘や国家権力の強制にも、博士の非転向は動揺することはなかった。

「非転向」は動揺せず

当時日本最高のマルクス学者として目されていた博士にたいして、釈放を代償として転向宣言を書かせようという当局のたくらみは失敗に帰したが、しかし、博士は、「転向」宣言のかわりに、自分の「没落」の宣言を書くことによって、マルクス主義理論そのものを擁護した。『獄中独語』の中では、「書斎裡に隠居した後も、私は依然としてマルクス主義を信奉する学者の一人とし

二つの退却線を考える

て止まるであらう」と言い、「どうかして『資本論』だけは生命のある中に纒めて置きたい」と宣言した。これは一つの退却線であり、最後の抵抗線ともいうべきものでもあった。しかし、ここまで退却しても敵があくまで追撃の手を弛めないで、牢獄の苦を免れるために譲歩を必要とするならば、博士は『資本論』の翻訳もマルクス主義に関する研究の発表も、やむをえず総てを諦めてしまおうと、これが第二の退却の線であった。これは「転向」ではない。当局の執拗な誘惑や強制に従ってこの「諦め」を声明することであり、「没落」を宣言することであるが、これはぎりぎりの「抵抗」でありうると信じた。「転向」ということは、五十五歳までの長い間、学者的良心のうちに生きてきた博士にとって堪えうるところではなく、またいわゆる「偽装転向」として一時的に、「投獄の苦しみ」を逃れるための偽りの宣言も誠実・正直な博士の快しとしないところである。当局の望んでいるように、マルクス主義は誤りであるとか、日本国体と相容れないから、それを捨るとか宣言して世の「思想善導」のために「模範学者」となるようなことは夢にもしたくなかった。しかし「一日も早く出たい」という願望はとどめうべくもない。残された第二線への退却として、八月三日の朝、裁判長及び検事に宛てて、その意嚮（いこう）を上申したのであった。しかしそれも事実審理を了（お）えた後のことだったので、何の役にも立たなかったのである。その後も仮釈放の希望やその予期はたえず博士の胸に来往した。「宗教論でも書かなければ別に書くことは無くなる。何も書かなければ仮釈放の見込みは全く無くなる。それは如何にも辛（つら）いことだ、やはり書くことにしよう」と決意した。しかし、仮釈放の餌で釣（つ）られて書いたとなれば誤解もうけるし、獄中に書いた宗教論が、他日マルクス主義者として、有害な影響を与えるかもしれぬことは警戒を要するし、当局の気に入りそうな宗教論は滅多に書けない。何辺も繰返して自問自答しつづけた。

宗教論を書く動機

これを書く前、河上秀夫人が博士に面会したときの忠告は、そくそくとして胸に迫るものがある。――

昨年市ケ谷でお書きになりました『独語』、あれゃ致し方のない事だつたし、他人（ひと）が何と言つてもあれだけの事をお書きになつたのは差支なかつたんだらうと存じますが、なんにも分らん私のやうなものが彼れ此れ言ふのは何んですけれど、あれより進んだことをお書きになるといふのはどうも心配で仕やうがありません。本田（河上―筆者）さんは学者として一生を貫いた人なんだから、どうか最後まで学者としての面目を全うさせたいと、こういふのが佐々木さん、小島さんなどの御意見のやうに伺つて居ります。立場は違つても本当にあなたのお為めを考へてゐて下さる方は、みんなさうなんです。私が何も知らずに余計な口を出すとお怒りになるかも知れませんが……さう思ふと私はほんとうに辛（つら）らうございますが、まあ〳〵よくお考へになりましたら、どんなものでせう？

と。さらに――

……しかし平気で無期の宣告を受けて網走（あばしり）などへ送られてる方もあるんですもの。お仕合せなことに、あなたは恩赦にもおかかりになつたんですもの、まるまるお勤めになつても、あともう三年足らずの御辛抱です。それゃお辛いことは重々お察し致しますが、それかつて無理をしてお出になると、折角早く出てゐらしても、あときつと後悔なさるに決つてます。さうだと結局その方がお辛い事にならうと、私それを一番心配いたしますの。無事に勤め上げてお出になりましたのなら、今度こそそれゃもう、一生の重荷を卸したといふお気持で、気楽に余生を楽しんで頂きたい。私はそればかり祈つてるんです。……(『自叙伝』三、一八八・一九〇ページ)

「宗教とマルクス主義」および『自叙伝』の執筆許可さる

昭和十年四月二十日に「宗教とマルクス主義(刑務所といへる特殊な環境の下に於ける一マルクス学者の思想推移の具体的なる個人的経験の記録)」と題する論文執筆を願出たのが許可され、そのほか『自叙伝』原稿執筆も許可された。博士は刑務所という制約はあるけれど、ともかく公然と、自由な執筆をすることができるようになった。すでに博士は満期出獄の覚悟は決めた以上、出来るだけ暢気(のんき)に有意義な仕事をここの図書室で続けて行きたいと計画した。

獄中、五たび桜の花の咲くを眺める

博士はかくて執筆をつづけつつも昭和十年の春・十一年の春・十二年の春と三ヵ年間、同じ図書室の窓から同じ桜を見た。昭和八年の春には豊多摩刑務所の病舎の窓から遠く八重桜を眺め、昭和九年の春には小菅刑務所の独房から、そこらの工場地区に咲いている桜を眺めた。獄中で眺める五たびの桜の花にはそれぞれの思い出があった。待ち望んでいた仮釈放にもうなる気遣はないことがすでに明らかになったので、満期釈放の覚悟を決めて、執筆好きの博士はペンを進めつづけたのであった。その間にも何遍となく教務主任に呼び出されては転向を促された。以前は思想検事に、今度は思想問題について完全に無知な教誨師に。博士はもちろん、そんな誘いの手に乗らずに、最後の重要な論文『獄中贅語（刑期満了前に於ける私の心境）』を昭和十二年一月三十一日に起稿し、二月二十五日に脱稿し、三月十八日に清書を終了した。この長文は、博士「生前の遺書」の一つであり、ことに第二章の「マルクス主義について」の中で、博士は、「マルクス主義に対する自分の信念は遂に微動だもせぬことを高調した」のであった。博士の学者的良心とその「非転向の態度」とは、牢獄の壁を通して世界の学界・思想界に貫徹

『獄中贅語』の執筆をはじむ

されたといってよい。

『獄中贅語』の思想的の価値

この『獄中贅語』の中で博士が最も多くのページを費したのは、第三章の「宗教的真理及び宗教について」と題する部分であり、この二章・三章は、博士がマルクス学者であることと、日本人マルクス学者としての特殊性――河上研究家は東洋的マルクス主義者と称しているし、わたくしもかく信じているが、さらにわたくしは限定して、独自な「河上的マルクス主義者」であることの真相を示す不朽の思想的文献であると考えている。昭和三年博士が大学を退職してから間もなく公けにした『経済学大綱』の序文に、「私はたとひ火に炙られるとも自分の学問を淪へないつもりである」と書いたが、そのことは美事に実証された。そして晴れ

出獄の日は近づく

の出獄の日は近づき、出獄の用意はすでに成った。かくて尨大な『自叙伝』の終りの方で次ぎのような当時の心境が述べられている。「私は已に為すべき事を為し了へた。烏滸がましき申分なれども、心は磨ぎすましたる鋼鉄の鏡のやう、心

残りの錆もなく、後悔の疵痕もなく、疚しさの塵もない。淡々たる心境、今はただ冬去り春来たるの日を待つばかりである」（三、四七〇ページ）。博士はこのごろいくつもの短歌を残しているが、五月二十七日、残刑十八日という所の日記には次ぎのような歌が添えてある。

放たるる日をば待つ身に暮れなづむ
　けふのひと日も今は暮れたり

いよいよ在獄最後の日が来た。出獄は昭和十二年六月十四日深更十二時である。いっさいの準備の整った博士は、妻と近親の人に附き添われて、そのとき刑務所正門の方に来ているという新聞記者たちを鈴木（義男）弁護士に操って貰っている隙に、暗闇の中をコソコソと、待たせてあった一台の自動車に同乗し、警察から来た監視の自動車に後を追われながら、深夜の東京を、東から西の果まで、杉並区天沼の仮寓を指して、一路西へ西へと走らせた。そして六月十五日午前一時

出獄——あこがれの「わが家」に帰る

過ぎに、博士は、家出をしてから足掛け六年目、検挙されてから満四年六ヵ月目に、憧れの「わが家」に帰った。

時勢は益々暗くなるばかりだが、私は未だ嘗て一度たりとも心に光明を失つたことはない。……平安と希望と今二つながら私の身に——或ひは失意の人とも見えてゐるであらう私の身に——溢れるばかり宿つてゐる。老妻も亦た清貧に安んじ、愛孫を撫して日を送ることを解してゐる。私は飽くまで幸運な男であるらしい。(『自叙伝』三、五一〇ページ)

隠遁詩人・閉戸閑人の生活に入る

まことにその通りというのほかはない尤も至極の心境であるといえよう。この日から同二十一年(一九四六)一月三十日、京都市吉田山麓に永眠するまで、年齢にして五十九歳から六十八歳までの約十年間、博士は、なお太平洋戦争さなかの日々、悪化してゆく食糧事情のうち、家庭の愛情のうちに、知己・友人の尊敬と愛慕と支援のうちに、読書・執筆に打ち込む私人として、真に隠遁詩人としての生活をつづけた。この晩年における博士の生活は大著『自叙伝』と『陸放翁鑑賞』の執筆に注がれた。筆を執ることにとくに喜びを見出し、その天禀の才幹を発揮しえた博士は、たとい生涯の多くの犠牲を考慮したとしても充実した幸福の人生を送りえた学者であったと言えよう。

三　晩　年――閉戸閑人

昭和十二年(一九三七)六月十五日、刑期満了した博士は長いあいだ待ちあぐんでいた自宅へ帰ることができた。五十九歳の時である。六月十六日の朝刊紙には、嬉しそうな顔をして新聞を開いている博士の写真入りの「出所」の記事が掲載された。同時に博士のマルクス学者として自から宣言したいわゆる「挽歌であり墓碑銘である」というつぎのような感想文が公けにされた。

自ら「挽歌」を公けにする

私は今回の出獄を機会に、これでマルクス学者としての私の生涯を閉ぢる。

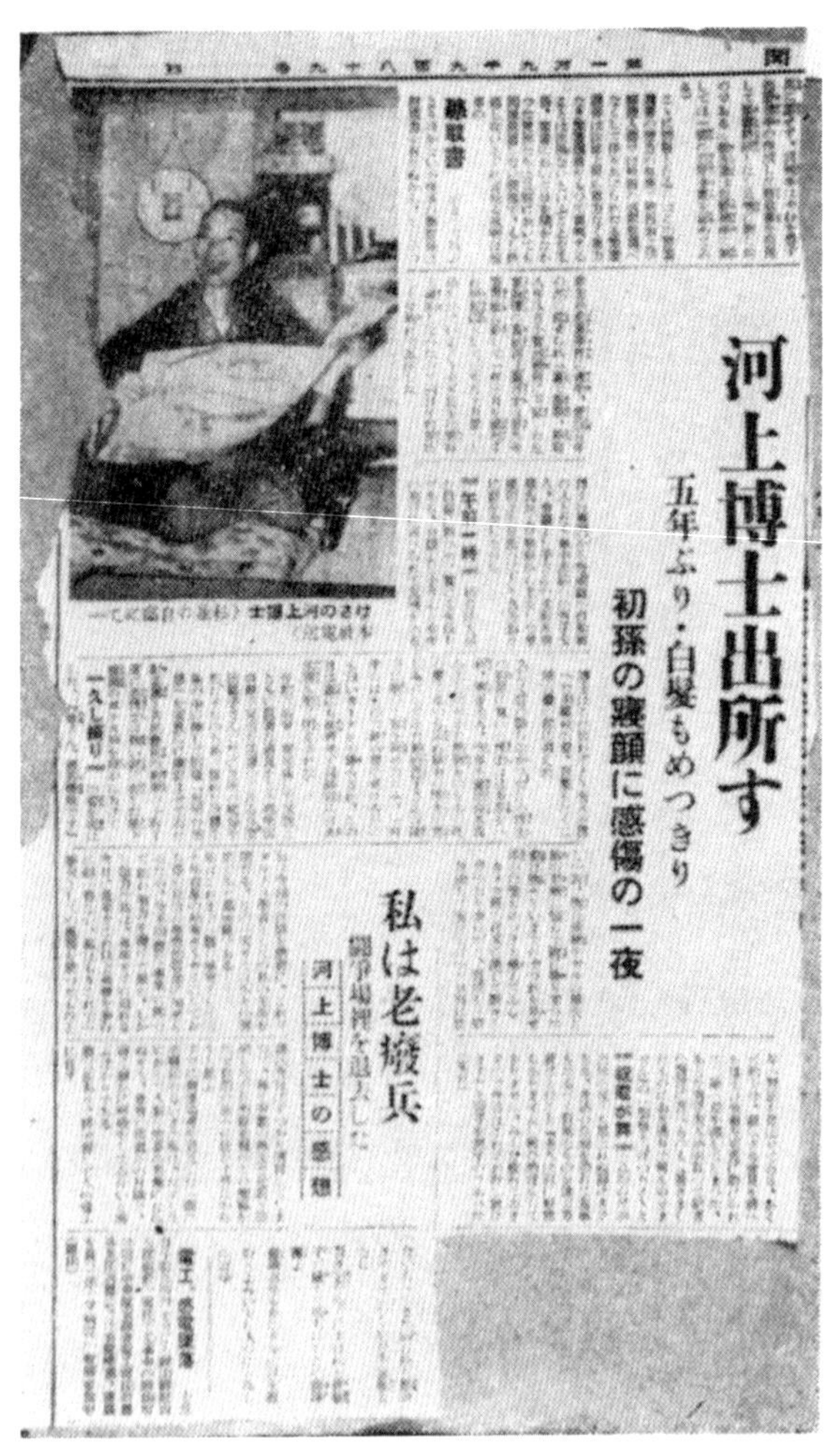

河上博士出所す

五年ぶり・白髪もめつきり

初孫の寝顔に感傷の一夜

私は老癈兵

河上博士の感想

出獄当時の新聞記事（昭和12年6月16日『大阪朝日新聞』）

この一文すなはちその挽歌であり墓碑銘である。——私はこれまで一個の学究として三十年攻学の結果、やうやくにしてかち得た自分の学問的信念に殉ぜんがため、分不相応な事業に向つて聊か努力を続けて来た。しかし微力の私は、暮年すでに迫れる今日、最早やこれ以上荊棘を歩むに耐へ得ない。私はもうこれで一学究としての義務を終つたものと諦め、今後はすつかり隠居してしまつて、極く少数の旧友や近親と往来しながら刑余老残のこの痩軀をたゞ自然の衰へに任かす外なからうと思ふ。

すでに闘争場裡を退去した一個の老廃兵たるいまの私は、たゞどうにかして人類の進歩の邪魔にならぬやう、社会の何処かの片隅で、極く静かに呼吸をしてゐたいと希ふばかりである。

歌三首あり、併せ録して人の嗤ふに任す。

ながらへてまた帰らむと思ひきや

すてにしいのち家包となし
長き足をらくにすはれと吾妹子が
縫ふて待ちにしこの座蒲団よ
巖清水あるかなきかに世を経むと
よみいでし人のこころしのばゆ

葬り去ったマルクス主義者とマルクス学者

博士は『獄中独語』において、誘惑・強制に抵抗しつつ、マルクス学者としての自らを守って、政治的実践者としての「共産主義者」河上肇を自分自身の手で葬った。「出獄の手記」では、「出獄を機会に」、さらに「マルクス学者」としての自らの生涯を閉じた。それは「転向」でもなければ、「マルクス主義の基礎理論」の誤謬を宣言したことでもなく、マルクス主義が日本の国情に不適当であることの認識でもなく、マルクス主義学説を学んだことが、学者としても、社会人

倫理的な義務感

晩年の心境

としても誤りであったことを認めたわけでもない。それどころか、学問的信念に殉じようと努力してきたことの宣言である。そこでは一面においては国家権力の強制のもとでは羸弱（るいじゃく）の肉体をもって、荊棘（けいきょく）の道を歩み得ないこと、そして人間の肉体的生命の限度までも思想弾圧が追及していることを認識せしめている。他面では学者として良心的に努力のかぎりをつくしたこと、マルクス学者としての義務は、自分の能力の限りを尽して果しえたことの自覚の声明である。この歴史的現実において精神的・肉体的の人間としての限界にまで生きてきたことの宣言であり、あくまで「転向」でなく「引退」であり、ぎりぎりの「抵抗」であった。「刑余老残（ろうざん）の痩軀（そうく）をただ自然の衰へに任す外なからうと思ふ」という。「闘争場裡を退去した一個の老廃兵」として自らを規定し、「どうにかして人類の進歩の邪魔にならぬやう」に生きてゆこうという。そこでは、身心ともに闘いつくし、「学者として、人生の義務を果した」という私人としての心の平静さと、時代の

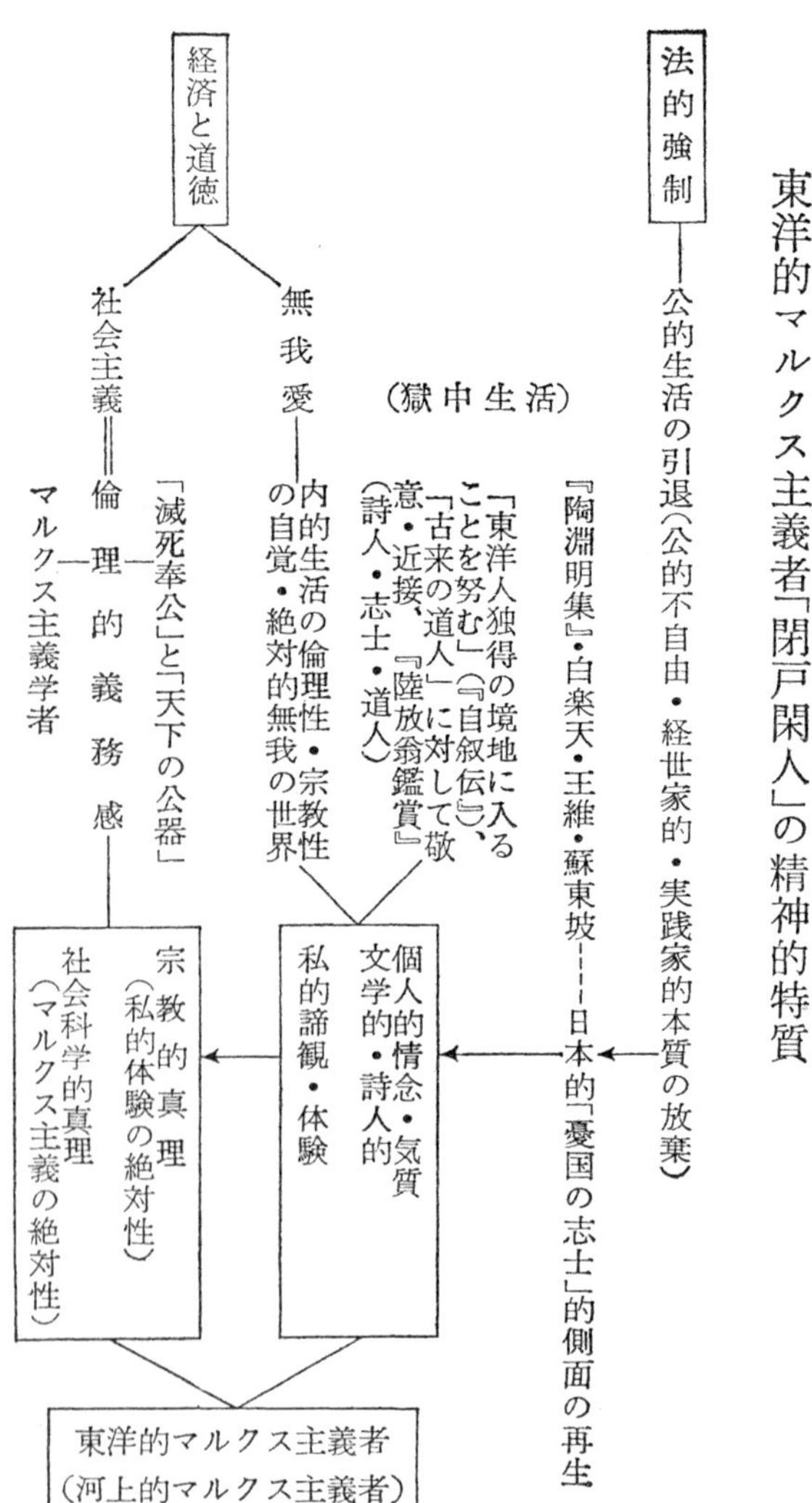
東洋的マルクス主義者「閉戸閑人」の精神的特質
法的強制
公的生活の引退（公的不自由・経世家的・実践家的本質の放棄）
『陶淵明集』・白楽天・王維・蘇東坡
日本的「憂国の志士」的側面の再生
「東洋人独得の境地に入ることを努む」（『自叙伝』）、「古来の道人」に対して敬意・近接、『陸放翁鑑賞』（詩人・志士・道人）
（獄中生活）
個人的情念・気質
文学的・詩人的
私的諦観・体験
経済と道徳
無我愛
内的生活の倫理性・宗教性の自覚・絶対的無我の世界
社会主義＝倫理的義務感
「滅死奉公」と「天下の公器」
マルクス主義学者
宗教的真理（私的体験の絶対性）
社会科学的真理（マルクス主義の絶対性）
東洋的マルクス主義者
（河上的マルクス主義者）

晩年における河上博士の「心」の分析図表

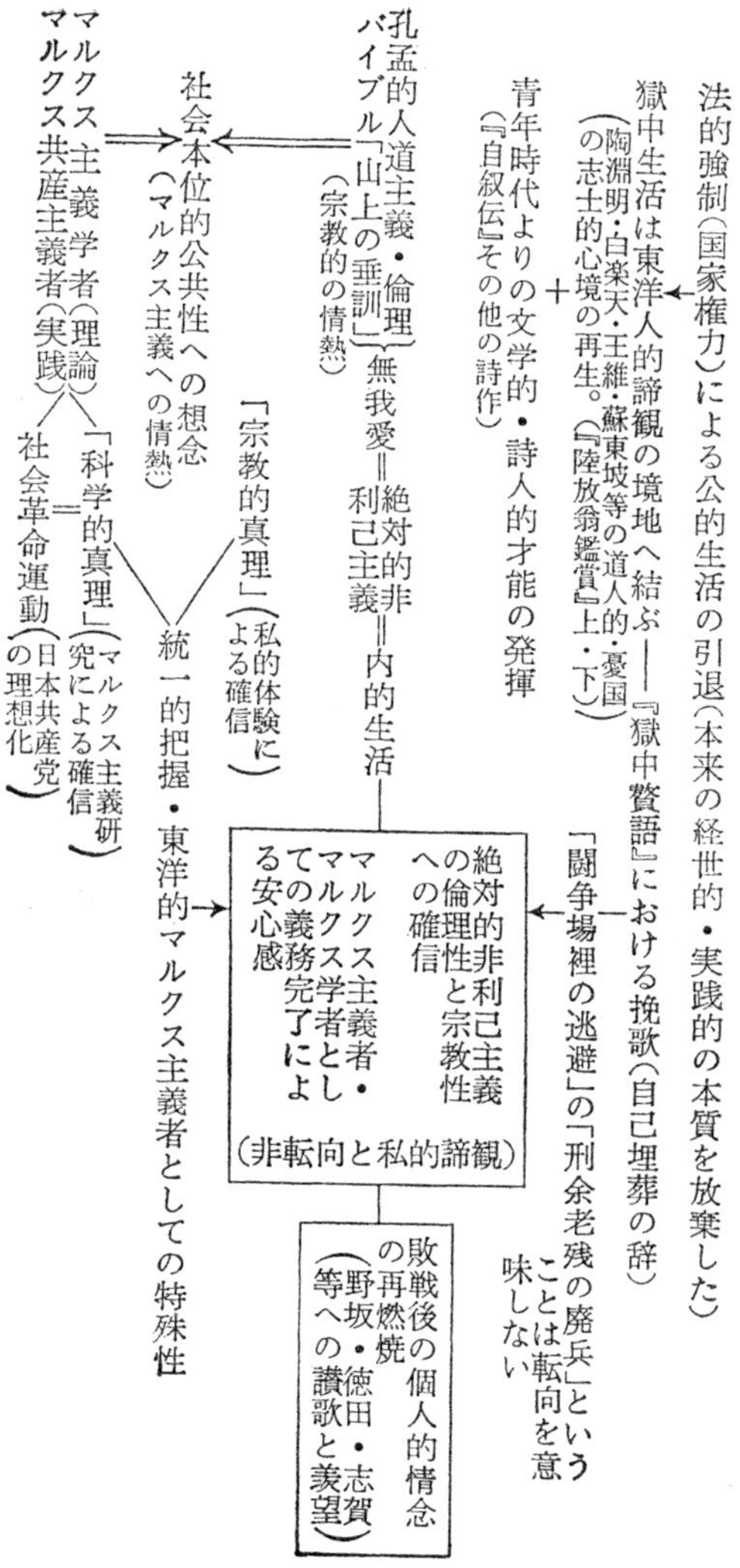

法的強制（国家権力）による公的生活の引退（本来の経世的・実践的の本質を放棄した）

↓

獄中生活は東洋人的諦観の境地へ結ぶ――『獄中贅語』における挽歌（自己埋葬の辞）

（陶淵明・白楽天・王維・蘇東坡等の道人的・憂国の志士的心境の再生。『陸放翁鑑賞』上・下）

＋

青年時代よりの文学的・詩人的才能の発揮（『自叙伝』その他の詩作）

「闘争場裡の逃避」の「刑余老残の廃兵」ということは転向を意味しない

孔孟的人道主義・倫理
バイブル「山上の垂訓」（宗教的の情熱）
｝無我愛＝絶対的非利己主義＝内的生活

「宗教的真理」（私的体験による確信）

社会本位的公共性への想念（マルクス主義への情熱）

マルクス主義学者（理論）――「科学的真理」（マルクス主義研究による確信）

マルクス共産主義者（実践）――社会革命運動（日本共産党の理想化）

統一的把握・東洋的マルクス主義者としての特殊性

→

絶対的非利己主義への倫理性と宗教性への確信 マルクス主義者・マルクス学者としての義務完了による安心感 （非転向と私的諦観）

敗戦後の個人的情念の再燃焼（野坂・徳田・志賀等への讃歌と羨望）

隠遁詩人の「閉戸閑人」

弾圧下、病弱・老廃の身、如何ともなしえない人生的な諦観とが感得されるのである。マルクス主義そのものの誤謬とか、放棄とかは微塵も述べていないのである。そこには、外部より観ても、博士における宗教的諦観――宗教的真理の是認――というようなものと、マルクス主義の真理性への確信――科学的真理の是認――という両面の同時的・並立的把握が理解できるのである。博士はこのような心境のもとに、生活態度としてはかつて使ったことのある「閉戸閑人」として、その天稟の詩才において隠遁詩人としての生活のうちに、天下国家を憂える志士的な、東洋人独得の境地に私的自由を見出しつつ余生を送ったのである。『獄中日記』に、憂国の志士詩人蘇東坡の詩に託して自分の感懐を述べている。

有レ道難レ行不レ如レ酔　　道あるも行ひ難ければ酔ふに如かず
有レ口難レ言不レ如レ睡　　口あるも言ひ難ければ睡るに如かず
先生酔ニ臥此石間一　　先生此の石間に酔臥す

万古無三人知二此意一　　万古人の此の意を知るなし

刀折れ矢尽きたマルクス学者の心境

マルクス主義への実践の道あるも強権はあまりにも厳しく、これを説く自由はなく、刀折れ矢尽きた現在の一私人博士としては、与えられた独自の天稟の詩才や性格や気質や体力の限界において、『自叙伝』と『陸放翁鑑賞』の執筆に、自由な私的天地を享受するのほかはない。閉戸閑人の精神的動きとして、強制下、けだし必然性をもつものといわねばならない。それはあくまで国権の強制下においてである。強制下であっても、博士の性格と教養とは、「真実を求める柔軟な心」によって主体的に、実感的に、自らの精神的動きを統一整調しえた。愛弟子（まな）の小林輝次氏の令嬢洋子さんに贈った詩はその境地をよく示している。

衰翁六十五　　衰翁六十五

身健心如レ春　　身健にして心春の如し

嘗看二囹圄月一　　嘗て囹圄（れいご）の月を看しかば

晩有二此佳年一　晩に此の佳年あり　（河上肇詩集『旅人』五五ページ）

わたくしは博士晩年のこの澄みきった心境や、『獄中贅語（ぜいご）』の真実性に少しも疑念を挿しはさむものではない。さらに博士のいっさいの著述・言論が博士の真実を吐露（とろ）したものであることを信じている。しかし社会主義者博士はつねに国権の強制下に置かれていたという歴史的事実を忘れてはならない。従ってそれは一応は「奴隷の言葉」であるかもしれない。しかし単なる奴隷の言葉でなく、「奴隷の言葉」の博士における真実性を理解すること、ここに博士の精神構造の研究の複雑にして困難なる点がある。若き日からの博士の「こころの旅路」を具体的に、実証的に、こころの真実の動きを辿（たど）らねばならぬ理由がここにあると思われる。

「奴隷の言葉」における真実性

博士が、執筆について（言論の自由という重大問題に関係している）、すでに『貧乏物語』当時から当局の検閲を顧慮せねばならなかったというのである。『貧乏物語』が『大阪朝日新聞』に連載されているころ、当時の編集長をしていた長谷川如是閑が、当局の検閲から無事に博士を守ろうと苦心し、その『貧乏物語』が新聞に出るまでには、長谷川編集長の幾回も幾回もの朱筆で真赤になった原稿が、社と博士との間を往復したそうである。小林輝次氏（私のクラスメートである）のいうには、「先生の全著作はかかる天皇制検閲下に書かれた『奴隷のことば』であり、最近出版されてゐる『自叙伝』その他も、何時踏み込まれて、糾弾（きゅうだん）の的となるやも計られないことを意識しつつ書かれたもので、従つて検閲を顧慮する必要もなく、実に解き放たれた気持になつて、思ふことを思ふやうに書いたのは、隠家で書いた三二年テーゼの解説と、『垂死（すいし）の床にありて同志徳田・志賀へ――』、並びに『同志野坂を迎へて』との二つくらゐであらう……（下略）」というのである。しかも「先生の『奴隷のことば』による全著作の中での最も代表的なものは、最近、京都の河原書店から奇（く）しくも出版された『獄中贅語』であり、それが却つて、最も先生の真価を物語つてゐるやうに思はれる」という。「奴隷の言葉」の「博士における真実性」という矛盾・逆説は、人間としての博士の本質を理解しえた人のみ把えうることであろう。

四　敗戦と死

昭和十六年十二月二十日、博士一家は住みなれた京都へ移住した。太平洋戦争はその八日に真珠湾攻撃によって勃発し、爾来戦線の拡大と戦況の不利は博士一家にもひとしく食糧事情の悪化を来し、平素から羸弱な博士は心身の衰えを深め、昭和十九年頃からは栄養失調症となり、二十年に入ってからは病床の人として、「刑余老残の痩駆をただ自然の衰へに任す」どころでなく、痛ましくも不自然な、敗戦下の食糧事情にうちのめされなければならなかった。

肉体とみに衰えを覚ゆ

博士晩年の「生活記録」は、これらの事情のもとの博士一家の生活状態を窺いうるのである。昭和二十年八月十五日の敗戦は日本共産党をして、アメリカ占領軍を、解放軍と誤認せしめたほど、いっさいの弾圧法を取り払い、博士を投獄せしめた「治安維持法」は撤廃され、日本共産党も公認政党として復活しえた。病

敗戦は喜び

床の博士の大いなる喜びは、左の短歌にその一斑を窺いえよう。

　あなうれしとにもかくにも生きのびて
　　戦やめるけふの日にあふ

敗戦放送のころ

そのころのことについて、後年に秀夫人は回想している。

いよいよ敗戦の日になりまして、今日は重大放送があるというので、私が「一億玉砕ということになるのではないでしょうか」と申しますと、河上は言下に、「馬鹿、降伏じゃ」と断言しまして、とうとう待ちに待った時が来たことに非常に興奮した模様でした。もともとあまり政治などに乗り出すのを好かない上に、一個の老廃兵として、自らのマルクス学者としての挽歌を与えた河上ではありましたが、激しい意欲を抑えることは出来ず、ことに若い人などが来られると、昔の野心が再び新しい空気を求めて湧き上るようでしたが、老衰と栄養失調による体の衰えは如何ともし難く、興奮に比例してあとの疲れは全く生きた様ではありませんでした。やがて徳田さん・志賀さんが釈放になって、大阪で歓迎大会が開かれました時、自動車を廻すから是非出てくれとのお話がありましたのを、私どもが懸命に止めませんでしたら、行きかねない程の気の昂りようでした。……亡くなったのは四年前の一月三十日でした。配給の高リャン飯が喉を通らなくなりましたのが、その二―三日前だと思います。とにかく戦争が終ったと申しましても、食糧事情が却って悪化したままのことでした。

河上の生涯にとって思想上・精神上の苦痛ももちろん大きいものでしたでしょうが、ともかくあの夜明けをはっきり確めたのですし、一応別といたしまして、ただ、あの食いしん棒のお祖父ちゃんにもう一度おいしいものを食べさせてあげられたら、というのが後に残りました私どものあきらめきれないことなのです。（『京大学園新聞』）

世界の黎明を望みつつ

雄心は衰えない

社会思想家として立って以来、国権の強制下に終始した博士であるから、たとえ「マルクス学者として自らを埋葬」したとしても、敗戦による公私自由の恢復に際会しては、「激しい意欲を抑えることができず」、「昔の野心が再び新しい空気を求めて湧き上るよう」に「興奮」したことは、「非転向」の博士として、けだし当然であったと思う。わたくしは博士のすべてをつねに「国権の強制下」における自主性と結びつけて考えるものであるが、死の直前に感懐を吐露した「垂死の床にありて」(同志徳田・志賀へ)の一篇の詩(昭和二十年十二月十九日『赤旗』)は、老博士最後にいたるまでの雄心不変の面目を如実に示したものであるといえる。

牢に繋がるること十有八年
独房に起居すること六千余日
たたかひたたかひて生きぬき
つひに志をまげず

再び天日を仰ぐにいたる
同志徳田
同志志賀
何ぞそれ壮(さか)んなる
日本歴史あつてこのかた
未だ曾つて例を見ざるところ
あゝ羨しきかな
あゝ頼もしきかな
あゝ尊ぶべきかな
これ人間の宝なり

七十の衰翁

蕭条（しょうじょう）たる破屋（はおく）の底（てい）
ひとり垂死の床にあつて
遙かに満腔（まんこう）の敬意を寄す

この一篇の詩を口誦（くちずさ）むとき『経済学大綱』の序文における博士の燃ゆるがごとき信念や、日本共産党入党に喜びの胸をとどろかした「若々しい」マルクス主義者河上肇博士を再びヴィヴィッドに感得しうるのである。

博士は病床に歳（とし）を送った。明けて昭和二十一年一月三十日午前四時五十五分、洛東吉田山の麓、住みなれた吉田上大路町の居宅に「安らかに眠るが如く」逝（ゆ）いた。博士、この世に年を享（う）くること六十有八。いま生前に酷愛（こくあい）された幽邃静寂（ゆうすいせいじゃく）の地、鹿ヶ谷（ししがたに）法然院の鬱蒼（うっそう）たる老杉（ろうさん）の丘、歌碑・墓碑とともに不朽の影をとどめている。

『回想の河上肇』の中で福井孝治氏はこのように書いている。

昭和十七年三月初旬のある日、私は名和統一君と二人で先生のお供をして法然院へ散策に出かけたことがある。……先生は法然院の風景を熱愛されてゐた。数日後先生から漢詩をいたゞいた。それは……「絶えて人影を見ず、時に幽禽の窺ふあり。春雨椿おのづから落ち、秋風梟独りかなしむ。酷愛す物情の静かなるを。斯地希くは屍を埋めむ」といふ句をもつて結ばれてゐる情趣豊かな一篇の長詩であつた。だが、かくも酷愛された法然院への埋骨もその後断念された。それは河田氷谷博士の墓地がここに選定せられたときわかつたのであるが、法然院は浄土宗では極めて寺格の高い寺院であつて、ここに埋葬されるためには高額の料金を必要とすることが判明したからである。「われわれプロレタリヤにはとても手が出ませんね。」かう言つてほゝ笑まれた先生のお顔はいかにも淋しさうであつた。（二二九ページ）

酷愛の丘に歌碑建立さる

昭和三十一年一月二十九日、博士の命日を前に、鹿ヶ谷法然院の丘に博士の歌碑建立の除幕式が遺族・門下生・知人・河上会の人々の参会のうちにしめやかに行われた。博士十周忌を機会にこれらの人々の手によって博士の遺風を偲ぶよすがにと、かつて「この地、希くは屍を埋めむ」と詩をよまれた「この地」に歌碑建立が実現したわけである。石川興二氏所蔵の「たどりつきふりかえりみれば」の入党記念短歌の掛軸からの麗筆(れいひつ)が、高さ七尺の滑(なめ)らかに磨かれた底光りのする仙台石に刻まれている。

法然院の墓石（河上肇・夫人秀墓）

あとがき

河上博士のような素晴らしい影響力をもった学者・思想家にたいしては、多くの私淑者がそれぞれの「河上肇像」を抱いている筈である。わたくしには「わたくしの河上肇像」がある。

遠い過去に思い出の糸をまさぐってみると、大正八―九年ごろ東京で学生生活をしているころ『社会問題研究』の「彼が二十七歳のとき」という一文を読みひどく感激し、はじめて博士に「遥かなる思慕」を寄せたことにはじまる。それからというものは、魔につかれたように本郷・神田・早稲田の古本屋で博士の旧著をあさり廻った。いまは稀覯本に属するものも探せば見つかったものである。『貧乏物語』はそのとき読んだ。大学を卒業するころ『近世経済思想史論』の暢達・

河上肇より住谷へのはがき　（大正11年4月18日）

平易・明快な行論に魅せられたことが、わたくしの生涯を決定的にしてしまった。

人間の生涯とか運命とかいうものは、ほんとうにちょっとした偶然のことで方向が決まるものである。卒業試験を目前に控えて、ある日、吉野作造先生から呼ばれた。京都の同志社大学法学部で経済学史の助手の口があるそうだから行く気があるか、とのことである。わたくしは柄でもないと逡巡したが、先生は「京都には河上君と佐々木君（惣一博士）がいるから紹介してあげるから」とのことで、わたくしは意を決して同志社へ行く気になった。四月の初め恒藤(つねとう)恭先生の御世話でお隣りの一室を得てはじめて教師の生活に這入(はい)った。早速河上博士に経済学史研究について教えを乞う旨の手紙を書いて出した。指定された日、忘れもせぬ四月二十一日(金曜日)の夜、博士を訪ねた。博士はこの若輩に懇切叮嚀に研究方法や参考書を教えて下さった。わたくしはそれをノートした。さらに週一回の「原論」の聴講をも

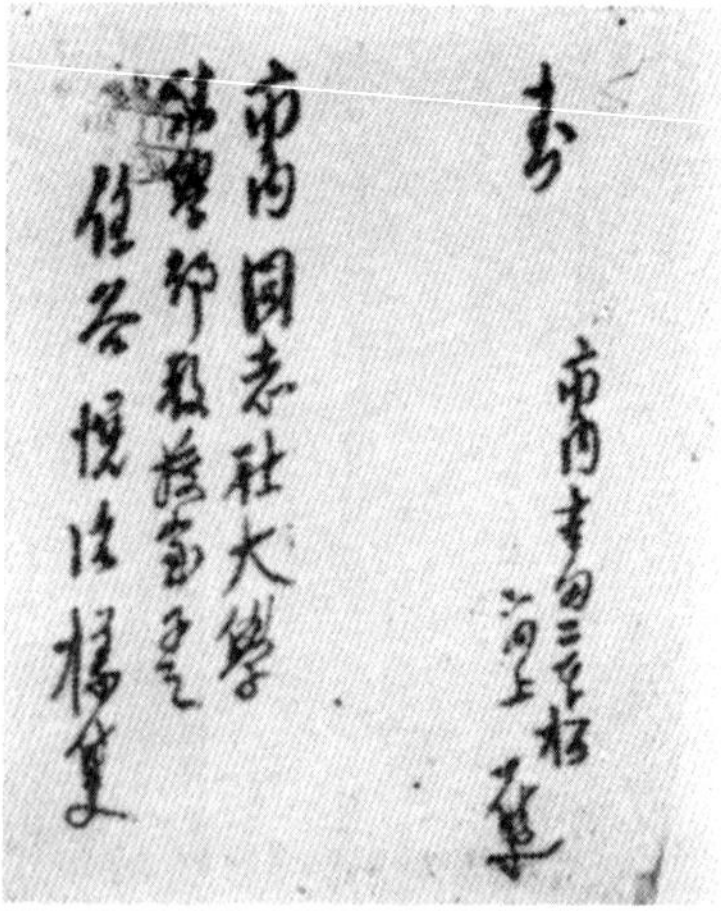

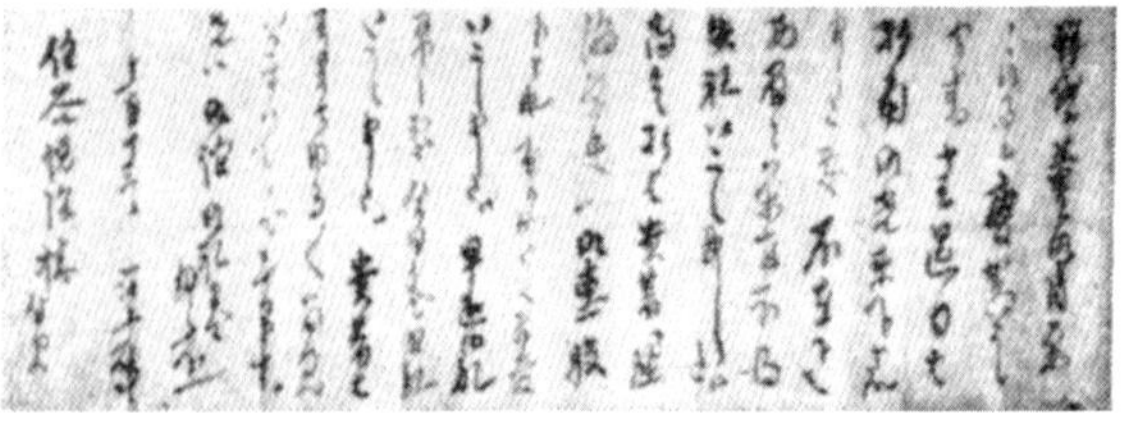

河上肇より住谷への書簡封筒と文面

とくに黙許していただいた。この時をはじめとして、教壇における博士の印象はいまも鮮かに脳裡に刻まれている。

博士はわたくしにとってあまりに高く遠い存在であったし、やがて博士は大学を退き、政治的実践に這入られ、ますます遠くなったが、わたくしにも思い出が少なくない。四つだけ書いておきたい。

一つは弘文堂発行のわたくしの最初の著書の表題『唯物史観よりみたる経済学史』というのは博士がおつけ下さったこと。二つは博士が出獄されたとき、わたくしは四国松山にいた。日本評論社から電報で「近衛文麿と河上肇」という人物論を書くよう催促され、当時ある事情で赤城和彦のペンネームで急ぎ一文を寄せたが、それが出獄直後の博士のお目にとまって、『自叙伝』第一巻に引用されたこと、もう一つは、敗戦後、わたくしが『京都新聞』論説部長をしていたさい、昭和二十一年一月三十日、昼ごろ出社すると、博士が逝去されたという。翌日の社説はすでに整理部へ廻ったあとだったのに、地元の新聞社だから博士の追悼文を翌朝の社説にしようと磯谷整理部長が提議し、翌朝博士の逝去の報道と同時にその日の社説として「河上肇博士逝く」を、わたくしが執筆した（当時はまだ「夕刊」の発行は許可されていなかった）。学恩のある河上博士にたいして、少しでも自分の気持を捧げえたことを奇縁にも思い、喜びとも感じたわけである。最後の一つは二十三年八月、それまで発表した博士に関する評論十五篇を採録して『思想史的にみたる河上肇博士』という小著を京都教研社から公けにしたことである。

本小著の博士令息故政男さんの写真は末川博先生夫人の御好意によるものであり、年譜作製については辻村一郎君の御助力を得た。感謝の意を表します。

略年譜

年次	西暦	年齢	事蹟	参考事項
明治一二	一八七九	一	一〇月二〇日、山口県玖珂郡岩国町に父河上忠（すなお）（三二歳）、母田鶴（たづ）（一八歳）の長男として生まる。後に暢輔（のぶすけ）（異母弟）・左京（実弟）の両弟生まる	一月二五日、『朝日新聞』大阪で発行〇四月五日、府県会開設〇九月二五日、教育令制定。〇一一月七日、大阪で「愛国者同盟」再興〇同月二九日、『東京経済雑誌』発行 この年、ボアソナードに民法起草を命ず〇植木枝盛『開明新論』〇福沢諭吉『民情一新』〇神田孝平『経世余論』 一二月九日、スターリン生まる
一四	一八八一	三		一〇月二〇日、国会開設の詔勅発布〇同月二九日、板垣退助自由党を組織〇一一月七日、農商務省設置
一六	一八八三	五		三月二〇日、高田事件〇四月一六日、新聞紙条令改正〇九月二四日、立憲改進党解散 一月、独、『ノイエ・ツァイト』誌創刊〇三月一四日、

一七	一八八四	六	三月、岩国尋常小学校初等科入学○暢輔（異母弟）生まる	マルクス死亡（六五歳） この年、自由民権運動の転機○三月一五日、地租条例改正○五月一三日、群馬事件○九月二三日、加波山事件○一〇月二九日、自由党解党○同月三一日、秩父事件○一二月六日、飯田事件○同月一七日、名古屋事件 この年、スミス著・石川暎作訳『富国論』○エンゲルス『家族・私有財産及び国家の起源』著わす○エンゲルス病む
二二	一八八九	一一	左京（実弟）生まる	二月一一日、大日本帝国憲法発布○七月一日、東海道全通○一〇月一八日、大隈外相要撃さる この年、シュタイン著、宮内省訳『須多因氏講義』○リスト著、大島貞益訳『李氏経済論』 七月一五日、第二インターナショナル
二三	一八九〇	一二	六月、会報（岩国学校における回覧雑誌）数号編纂○日本工業論、右会報に所載	一月一日、第一回衆議院議員選挙○二月、徳富蘇峰『国民新聞』発刊○三月、植村正久『福音新報』発刊○一〇月三〇日、教育勅語発布○一一月二九日、第一回帝国議会開会
二四	一八九一	一三		一二月一八日、足尾鉱毒事件

二六	一八九三	一五	九月、山口高等中学校予科に入学	一〇月一四―二〇日、独、社会民主党大会「エルフルト綱領」採択 一月、『文学界』創刊○八月一二日、「君が代」を国歌に制定 この年、徳富蘇峰『吉田松陰』
二七	一八九四	一六	七月一七日、乞食袋(写生帖)	八月一日、日清戦争開始○一一月二二日、日米改正通商条約調印 一二月、『資本論』第三巻発刊 この年、レーニン「人民の友とは何か」発表
二八	一八九五	一七	四月、山口県尋常中学校に転校○七月、同校卒業○九月、山口高等学校文科に入学	一月、『帝国文学』創刊○四月一七日、日清講和条約調印○同月二三日、露・独・仏三国干渉○八月六日、台湾征討 一月、ロッシア著、平田東助訳『商工経済論』○八月五日、エンゲルス、ロンドンにて死亡(七四歳)○この年レーニン、ペテルブルグで「労働者階級解放闘争同盟」結成
二九	一八九六	一八	三月中旬、黌舎出入日記	三月一日、進歩党結成○同月一四日、陸軍十個師団に増強○四月二日、「日本社会政策学会」創立○七月二一日、日清通商航海条約調印

三〇	一八九七	一九	この頃、同志会歌集（山口高等中学校における同人雑誌）編纂	三月二日、足尾銅山鉱毒問題激化〇六月七日、日本勧業銀行設立〇七月五日、高野房太郎ら労働組合期成会結成〇一二月一日、鉄工組合結成〇片山潜『労働世界』創刊〇京都帝国大学創立 この年、島崎藤村『若菜集』〇田島錦治『近世社会主義論』『最近経済論』〇片山潜『英国今日之社会』
三一	一八九八	二〇	七月九日、卒業直前に法科に転じ同校法科卒業〇九月、東京帝国大学法科大学政治科に入学	二月二四日、日本鉄道機関方スト〇四月五日、矯正会結成〇六月二三日、自由・進歩合同して憲政党結成〇同月三〇日、隈板内閣成立〇一〇月一八日、村井知至・安部磯雄・片山潜・幸徳秋水ら社会主義研究会を結成 この年、横井時敬『日本商業史』『日本工業史』 三月一四日、露、レーニンら「ロシア社会民主労働党」結成〇八月九日、レーニン『ロシアにおける資本主義の発達』完成す
三三	一九〇〇	二二		三月一〇日、治安警察法公布〇五月一五日、義和団事件に派兵決定〇一〇月一九日、第四次伊藤内閣成立 この年、「社会政策学会趣意書」公表〇木下尚江『足尾鉱毒問題』

三四	一九〇一	二三	一二月二〇日、足尾鉱毒事件に関する鉱毒地救済婦人会の鉱毒地救済演説会を聞き、即座に二重外套と羽織と襟巻とを寄附し、翌日身につけている以外の衣類を残らず行李に収めて救済会の事務所に送り届ける。このことは当時の『毎日新聞』(一一月二三日発行)に「特志な大学生」という見出しで記事になった	一二月二四日、露、『イスクラ』創刊 五月二〇日、安部磯雄・片山潜・幸徳秋水・木下尚江・西川光次郎・河上清、日本社会民主党結成、即日禁止○六月二日、第一次桂内閣成立○一二月一〇日、田中正造、足尾鉱毒問題で直訴 この年、西川光次郎『社会党』○片山潜・西川光次郎『日本の労働運動』○安部磯雄『社会問題解釈法』○社会政策学会「弁明書」公表
三五	一九〇二	二四	七月一一日、大学卒業、法学士となる○一一月一五日、大塚秀と岩国にて結婚	一月三〇日、日英同盟調印○四月一一日、日本興業銀行設立 この年、金井延『社会経済学』○矢野文雄『新社会』○西川光次郎『カール＝マルクス』 六月二四日、露、レーニン『何をなすべきか』
三六	一九〇三	二五	一月二四日、東京帝国大学農科大学実科講師○九月一〇日、学習院	五月三〇日、衆議院海軍拡張案可決○六月二四日、東大七博士対露強硬意見書発表○一一月一五日、幸徳秋

			教授任務を嘱託さる。その前後、専修学校・台湾協会専門学校の講師を兼ねる○九月、長男政男生まる	水・堺利彦「平民社」を創立、『平民新聞』発行 この年、幸徳秋水『社会主義神髄』○安部磯雄『社会主義論』○農商務省編『職工事情』○トルストイ著、加藤直士訳『我宗教』○露、ボルシェヴィキの形成
三七	一九〇四	二六		二月一〇日、日露戦争勃発○一一月一三日、『平民新聞』にマルクス・エンゲルス『共産党宣言』掲載
三八	一九〇五	二七	一〇月、千山万水楼主人の名をもって『読売新聞』に「社会主義評論」を連載○一二月八日、「社会主義評論」を中途で擱筆し、一切の教職を辞して、伊藤証信の無我苑に入る 一月、『経済学上の根本観念』○六月、セーリングマン『歴史の経済的説明・新史観』（訳）○九月、『経済学原論』（上巻）○一一月、『日本尊農論』	一月二九日、『平民新聞』終刊○八月一〇日―九月五日、ポーツマス講和会議○九月五日、日露講和条約調印○日比谷焼打事件○一〇月九日、「平民社」解散し、キリスト教派と唯物論派に分裂す 一一月一〇日、安部・木下・石川ら『新紀元』創刊○同月二〇日、西川・山口ら『光』創刊 一月二二日、露、血の日曜日（第一革命の開始）
三九	一九〇六	二八	一月四日、『読売新聞』に「人生	一月七日、第一次西園寺内閣成立○二月四日、日本社

四〇　一九〇七　元

の帰趨」の連載を始む○一月、長女シズ生まる○二月二五日、無我苑の生活二ヵ月にして解散退去し『読売新聞』の記者となる○五月一日、『読売新聞』に経済時事欄が設置されてこれを主宰す

一月、『社会主義評論』○二月、『日本農政学』○三月、『人生の帰趨』○六月、トルストイ著『人生の意義』(小田頼造共訳)○七月、『ワグナー氏経済学原論』上巻(解説)と『社会主義評論』改訂版

四月三日、読売新聞社を退社○『日本経済新誌』創刊(鼎軒田口卯吉主宰の『東京経済雑誌』の自由貿易論に対抗して保護政策を主張せんがため)

六月、『トルストイ翁人生の意義』

会党結成

三月一五日、堺利彦主筆『社会主義研究』創刊○この年、エンゲルス著・堺利彦訳『科学的社会主義』

一月一五日、幸徳・堺ら『平民新聞』創刊○二月四・八日、足尾銅山暴動○同月二二日、日本社会党結社禁止令○六月一日、森近運平『大阪平民新聞』創刊○同月二日、片山潜『社会新聞』創刊○一二月二二日、日本社会政策学会第一回大会

この年、福田徳三『経済学研究』『経済学講義』○森

				近運平・堺利彦『社会主義綱要』○内村鑑三『基督教と社会主義』 八月一八―二三日、第二インター第七大会、世界戦争反対を決議
四一	一九〇八	三〇	八月二四日、京都帝国大学講師となる○九月、東京より京都に移住○一〇月、『日本経済新誌』の編輯を永野八郎に譲る	三月一五日、西川・赤羽一ら『東京社会新聞』創刊○六月二二日、赤旗事件○七月一四日、第二次桂内閣成立○同月、東京帝国大学政治学科を政治学科・経済学科に分つ この年、戸田海市『我独逸観』○田添鉄二『近世社会主義史』○社会政策学会編『工場法と労働問題』○高野岩三郎『財政学』○マルクス『資本論』安部磯雄翻訳に着手
四二	一九〇八	三一	七月二九日、京都帝国大学助教授 五月、『人類原始の生活』	五月六日、新聞紙法公布○一〇月二六日、伊藤博文ハルピンで暗殺される この年、社会政策学会編『関税問題と社会政策』 この年、露、レーニン『唯物論と経験批判論』発刊
四三	一九一〇	三二	一〇月、『経済学根本概念』	四月、『白樺』創刊○五月二五日、幸徳事件の検挙開始○八月二二日、日韓併合条約調印、朝鮮総督府設置

年号	西暦	年齢	事項	関連事項
四四	一九一一	三三	三月、沖縄県にて地割制度を研究○九月、「琉球糸満の個人主義的家族」 三月、『時勢之変』○六月、ピールソン著『価値論』（河田嗣郎共訳）○八月、フェター著『物財の価値』（訳）○一二月、『経済と人生』	○五月、西田幾多郎、京大文科助教授就任 この年、独、ヒルファーディング『金融資本論』出版 一月二四―二五日、幸徳秋水ら死刑○三月二九日、工場法公布○七月一三日、日英同盟改訂○一〇月二五日、片山潜ら「社会党」結成○一二月三一日、東京市電スト 一〇月一〇日、中国、辛亥革命勃発
明治四五 大正元	一九一二	三四	七月、次女ヨシ生まる 一月、フィッシャー著『資本及利子歩合』（訳）○一二月、『経済学研究』	七月三〇日、大正と改元○八月一日、鈴木文治ら「友愛会」結成○一二月二一日、第三次桂内閣成立 この年、松崎蔵之助『最近財政学』○井上哲次郎『国民道徳論』 二月一二日、中国、中華民国生まる○四月二二日、露、『プラウダ』創刊○この年、スターリン『マルクス主義と民族問題』発行
二	一九一三	三五	九月二五日、ヨーロッパに留学 一一月、『経済原論』『金ト信用ト	一月一九日、憲政擁護連合大会開催○二月一一日、大正政変、桂内閣総辞職○同月二〇日、第一次山本内閣

			物価』ファイト著『唯心的個人主義』(訳)	成立○一〇月五日、満蒙五鉄道敷設権獲得○一一月、「岩波書店」開業 この年、福田徳三『経済学講義』
三	一九一四	三六	留学中は『大阪朝日新聞』に寄稿(後『祖国を顧みて』に収録)○一〇月、法学博士となる	一月二三日、シーメンス事件○四月一六日、第二次大隈内閣成立○七月二三日、第一次世界戦争勃発○八月二三日、日本対ドイツ宣戦布告 八月六日、各国社会党戦争支持に転向、第二インター崩壊
四	一九一五	三七	二月二六日、ヨーロッパ留学より帰国○三月一六日、京都帝国大学法科大学教授 一二月、『祖国を顧みて』	一月一八日、対華二一ヵ条要求○同月二五日、二一ヵ条調印○八月一日、友愛会『労働新聞』発刊○九月一日、堺利彦・高畠素之ら『新社会』創刊○一〇月一日、大杉栄・荒畑寒村ら『近代思想』発刊 この年、高野岩三郎『統計学研究』○吉野作造『現代の政治』
五	一九一六	三八	九月〜一二月、『大阪朝日新聞』に「貧乏物語」を連載	九月一日、工場法施行○同月一一日、山川均・荒畑寒村ら『青服』創刊○一〇月九日、寺内内閣成立○同月一〇日、「憲政会」結成 この年、福田徳三『生存権の社会政策』○吉野作造「憲

				政の本義を説いて其有終の美を済すの途を論ず」 六月一九日、露、レーニン『帝国主義論』完成
六	一九一七	三九	春、衆議院議員立候補者滝正雄の選挙応援演説を愛知県でなす 三月、『貧乏物語』○六月一日、「彼が二十七歳の時」(『社会問題研究』第六冊)○九月、『如何に生活すべきか』(訳)	四月一日、日本工業倶楽部創立○九月一日、暴利取締令公布○同月一二日、金輸出禁止 この年、左右田喜一郎『経済哲学の諸問題』○山崎覚次郎『経済原論』 二月、露、レーニン『国家と革命』発表○三月一二日、露、二月革命勃発○一一月七日、露、一〇月社会主義大革命勃発
七	一九一八	四〇	九月、『社会問題管見』	八月二日、シベリア出兵宣言○同月三日、米騒動起る○九月一二日、原敬内閣成立○同月、京都に「労学会」生まる○一一月二日、第一次世界大戦終結○一二月二三日、吉野作造・福田徳三ら「黎明会」結成○「新人会」「建設者同盟」結成 一〇月、露、レーニン「プロレタリア独裁と背教者カウツキー」発表○この年、ドイツ・オーストリア・ポーランドに共産党結成
八	一九一九	四一	四月一日、官制改正により京都帝	二月四日、「大原社会問題研究所」設立○四月一日、

			国大学法学部教授○五月二九日、経済学部創設により経済学部勤務○一月一日、『社会問題研究』創刊（八九冊まで個人、九〇—九五冊は共同、九六—一〇六冊は個人編集、昭和五年一〇月廃刊）○八月、「或医者の独語」（『朝日新聞』）	堺利彦・山川均ら『社会主義研究』創刊○一〇月二九日、反動団体「大日本国粋会」結成○一一月二八日、一年志願兵条例公布○一二月二一日、山川均ら「労働組合研究会」結成 一月一八日、パリ講和会議開会○三月一日、朝鮮、三・一事件（万歳事件）○同月二日、第三インター（コミンテルン）成立○同月二三日、伊、ムッソリーニ「ファシヨ戦闘団」結成○五月四日、中国、五・四運動起る
九	一九二〇	四二	三月、『社会問題管見』（改版）○四月、『近世経済思想史論』	一月一三日、森戸事件○三月一五日、戦後恐慌勃発○五月一日、日本最初のメーデー挙行○一一月一〇日、日本社会主義同盟創立大会、機関誌『社会主義』（七月創刊）○同月一七日、日本の南洋群島委任統治確定○六月、高畠素之訳『資本論』刊行開始 六月一八日、ソ連、レーニン『左翼小児病』発刊
一〇	一九二一	四三	四月一日、「断片」（『改造』）発禁となる（これが発禁の最初）○八月一日、『唯物史観研究』○一二	四月二六日、陸海軍軍法会議公布○七月七日、神戸三菱造船・川崎造船スト○一一月四日、原敬首相、中岡良一により刺殺さる○同月一三日、高橋是清内閣成立

			月一日、マルクス『賃労働と資本』『労賃・価格及び利潤』(訳)	○一二月一四日、ワシントン会議で日英米仏四国協定成立 この年、福田徳三『経済学論攷』 二月二二日、ソ連、新経済政策採用○一一月六日、伊、ムッソリーニ「イタリア＝ファシスタ党結成」○七月一日、中国共産党結成
一一	一九二二	四五	一二月、『社会組織と社会革命』○『唯物史観略解』	三月三日、全国水平社、京都に創立大会○同月二四日、過激社会運動取締法案・労働組合法案・小作争議調停法案上程○四月九日、杉山元治郎・賀川豊彦ら日本農民組合結成○六月一二日、加藤友三郎内閣成立○七月一五日、国際共産党日本支部日本共産党創立大会○八月、山川均執筆の「無産階級運動の方向転換」『前衛』に発表○一一月七日、学生連合会結成 この年、福田徳三『社会政策と階級闘争』 一〇月、ムッソリーニのクーデター、ファシズム政権の樹立○一一月、モスクワにおいてコミンテルン第四回世界大会開催、六二ヵ国三四〇人の代表参加○一二月三〇日、「ソヴェート社会主義共和国同盟」樹立四

一二	一九二三	四五	月一日、祖母イワ死亡 八月一日、『資本主義経済学の史的発展』	九月一日、関東大震災起る○同月三日、亀戸事件（大震災に乗じ検束された南葛労働会の河合義虎ら計九名軍隊に虐殺さる）○同月二八日、大杉栄惨殺事件（甘粕事件）○一二月二七日、難波大助大逆事件（虎の門事件）
一三	一九二四	四六	四月一日、経済学部長に補せらる○五月一日、病気のため学部長職を辞す 八月一日、マルクス著『賃労働と資本』（新版）『労賃・価格及び利潤』（改版）	三月、野坂参三らにより産業労働調査所設立○五月一日、『マルクス主義』創刊○同月、京大に「社会科学研究会」生まる○同月五日、「学生社会科学連合会」結成○六月一一日、第一次加藤高明内閣成立○七月二四日、小作調停法公布 一月二〇日、中国、第一次国共合作○同月二一日、レーニン死亡
一四	一九二五	四七	三月、長女静子、京都帝国大学助教授工学士羽村二喜男に嫁す 一〇月、『資本論略解』（第一巻第三分冊）	二月、福本和夫、『マルクス主義』誌上に河上批判論文を発表○四月二二日、治安維持法公布○五月三〇日、中国、五・三〇事件、日本人紡績工場の争議より上海ゼネスト、以後反帝闘争全国に拡大○六月一日、五・三〇事件弾圧のため日英仏陸戦隊上陸○八月、山川イズムと福本イズムの対立激化

大正一五 昭和元	一九二六	四八	一月、学連事件のため家宅捜査を受ける○九月一一日、長男政男死亡○一二月、哲学研究に着手、西田幾多郎の推薦により、三木清の指導受く 二月、「学生検挙事件について」(『社会問題研究』)○三月、デボーリン著『レーニンの弁証法』(訳)	一月五日、京都学連事件○二月一一日、「建国会」結成○三月五日、労働者農民党結成○四月八日、労働争議調停法公布○五月一日、暴力行為処罰法公布○同月二九日、文相、学生の社会科学研究批判の絶対禁止を通達○一二月四日、日本共産党再建大会○同月二五日、昭和と改元 この年、福本和夫「山川氏の方向転換論の転換より始めざるべからず」 一一月二五日、ソ連、スターリン『レーニン主義の諸問題によせて』発刊
二	一九二七	四九	四月、父忠死亡 八月、「唯物史観に関する自己精算」(『社会問題研究』)○一〇月、マルクス著『資本論』(宮川実と共訳)刊行開始○一一月、大山郁夫と共同監修の『マルクス主義講座』刊行開始	一月二四日、金融恐慌勃発○四月二〇日、田中義一内閣成立○五月二八日、第一次山東出兵○七月二五日、「二七年テーゼ」、コミンテルンで日本に関するテーゼ○一二月、日本共産党、このテーゼを承認○一二月一日、山川・猪俣津南雄ら『労農』創刊 一二月一一日、中国、広州革命ソヴェト政府樹立
三	一九二八	五〇	一月下旬、第一回普選に際し、労	二月一日、日共中央機関誌『赤旗』創刊○同月二〇日、

四	一九二九	五一

農党大山郁夫のために香川県で応援演説を行う○四月一八日、京都帝国大学教授の職を辞す○一二月二四日、新党結成大会のため上京、初めて検束を受ける

四月、『資本論入門』刊行開始○八月、『マルクス主義経済学』○一〇月、『経済学大綱』

二月一五日、京都五条署に検束さる○一一月一日、大山郁夫らと新労農党結成

一月、レーニン『弁証法的唯物論について』(訳)○四月、『マルクス主義のために』○一〇月、『左翼戦線の新展開』(大山・細迫と共著)○一一月、『マルクス主義批判者の批判』○一二月、『マル

普選による第一回総選挙○三月一五日、三・一五事件○四月一〇日、労農党に結社禁止命令○同月一九日、第二山東出兵○五月三日、済南事件、日本軍、中国人を虐殺○六月二九日、治安維持法改悪(死刑適用)○七月三日、特別高等警察課(特高)新設○同月四日、憲兵隊に思想係設置○一二月、大山郁夫ら「政権労農同盟」結成

この年、三木清『唯物史観と現代の意識』

一〇月一日、ソ連、第一次五ヵ年計画実施

三月五日、労農党代議士山本宣治刺殺さる○四月一六日、四・一六事件○七月二日、浜口民政党内閣成立○一〇月二四日、世界大恐慌開始

この年、福本和夫『経済学批判のために』

五	一九三〇	五二	クス主義経済学の基礎理論』 一月二日、上京して新労農党本部の仕事に従事し、『労働農民新聞』を編集○二月一日、京都より第二次普選の衆議院議員に立候補して落選○八月一日、新労農党が誤謬であるという結論に達す○一〇月一日、新労農党を解消して大山らと別れる	一月一〇日、金輸出解禁○二月二〇日、第二回普選○三月四日、諸株式一斉暴落、恐慌深刻化○五月一七日、福田徳三死亡○同月二〇日、三木清・山田盛太郎検挙さる○八月二九日、小岩浄・細迫兼光ら新労農党解消を唱え、除名さる○一一月一四日、浜口首相、東京駅にて狙撃さる この年、野呂栄太郎『日本資本主義発達史』
六	一九三一	五三	一月、『大衆に訴ふ』○五月、『マルクス主義経済学』(改造文庫)○一一月、『第二貧乏物語』『産業合理化とは何か』 五月、マルクス『資本論』第一巻上冊(宮川実と共訳)○六月、マルクス『政治経済学批判』(宮川実と共訳)	四月二二日、「日本共産党政治テーゼ草案」発表○七月五日、全国労農大衆党結成○八月一一日、重要産業統制法施行○九月一八日、満州事件勃発 この年、向坂・櫛田・宇野・山田『資本論体系』
七	一九三二	五四	七月一〇日、日本共産党の委嘱に	一月二八日、上海事変勃発○二月九日、井上準之助血

年号	西暦	年齢	事項	一般事項
			より「三二年テーゼ」を訳し、『赤旗』に掲載さる○八月一二日、地下運動に入る○同月一三日、日本共産党員に推薦さる○九月九日、日本共産党に入党 二月、『資本論入門』	盟団に射殺さる○三月一日、満州国建国宣言○五月一五日、五・一五事件○同月二六日、斎藤実（挙国一致）内閣成立○コミンテルン「三二年テーゼ」発表○一〇月六日、大森ギャング事件○同月三〇日、熱海事件（共産党大検挙）○一一月二日、岩田義道虐殺さる五月二六日、『日本資本主義発達史講座』刊行開始 この年、ソ連、第一次五ヵ年計画終了
八	一九三三	三五	一月二二日、中野の隠家で検挙さる○同月二七日、豊多摩刑務所に収容さる○六月二八日、市ヶ谷刑務所に移さる○七月六日、『獄中独語』発表○八月一日、第一回公判（求刑、懲役七年）○同月八日、第二回公判（判決、懲役五年）○九月二六日、控訴取下げ下獄す○一〇月二〇日、小菅刑務所に移され活字解版作業に従事	一月一一日、大塚金之助検挙○堺利彦死亡（六八歳）○二月二〇日、小林多喜二検挙虐殺さる○三月二七日、日本、国際連盟を脱退○五月一〇日、京大滝川事件、学生運動熾烈化○六月九日、佐野学・鍋山貞親の転向声明○八月九日、関東地方に最初の防空演習○一一月五日、片山潜モスクワで死亡（七五歳）○同月八日、風間丈吉転向す○同月二八日、野呂栄太郎検挙 一月三〇日、ナチス政権を獲得、ヒトラー首相に就任○二月二七日、ナチス国会放火事件
九	一九三四	三六	二月一一日、皇太子生誕特赦によ	二月一九日、野呂栄太郎獄死す○四月一八日、帝人疑

			り、刑期の四分の一を減ぜらる○同月、図書室勤務となり、翻訳作業に従事	獄事件○一〇月一日、陸軍省、パンフレット「国防の本義とその強化の提唱」を頒布○一一月、櫛田民蔵死亡○一二月二九日、ワシントン軍縮条約廃棄を通告 この年、山田盛太郎『日本資本主義分析』○杉山平助「転向の流行について」(『読売新聞』)
一〇	一九三五	五七	四月二〇日、『自叙伝』執筆を許可さる○六月三〇日、『宗教的真理』の稿成る○一二月一一日、胃病のため病舎に入る	四月、中国共産党の大西遷開始 二月二八日、「天皇機関説」議会で攻撃さる○三月四日、袴田里見検挙により、日共中央委員会壊滅、『赤旗』停刊○三月二三日、衆議院、国体明徴議案可決 この年、戸坂潤『日本イデオロギー』 八月一日、中国、八・一宣言（抗日救国統一戦線の大宣言）○同月三一日、スタハーノフの採炭業績表彰（スタハーノフ運動の端緒）
一一	一九三六	五八	三月七日、病舎を出て独房に戻り図書室を中心に作業をなす○五月一二日、次女芳子、鈴木重歳に嫁す	一月一五日、日本、ロンドン軍縮会議脱退○二月二六日、二・二六事件○七月一〇日、平野義太郎・小林良正ら講座派検挙（コム・アカデミー事件）○一一月二五日、日独防共協定○同月二〇日、思想犯保護観察法施行

一二	一九三七	五九	三月一八日、『獄中贅語』の稿成る○六月一五日、刑期満了して自宅(杉並区天沼)に帰り、「出獄の手記」発表○以後、隠退して詩歌に親しむ	七月一七日、スペイン内乱開始○九月二〇日、毛沢東「中国革命の戦略問題」発表○一一月、ソ連、新憲法草案発表 五月一日、満州国重要産業統制法公布○六月四日、第一次近衛内閣成立○七月七日、中日戦争勃発○九月一〇日、戦時統制三法公布○一一月五日、木下尚江死亡○同月六日、日独伊防共協定成立○一二月二日、矢内原事件起る○同月一三日、日本軍、南京占領「南京虐殺事件」○同月一五日、人民戦線事件 七月、毛沢東「実践論」○九月、毛沢東「矛盾論」 この年、世界恐慌再発
一三	一九三八	六〇	一〇月九日、転居(中野区氷川町)	二月一日、大内・有沢ら労農派教授グループ検挙○四月一日、国家総動員法公布○七月三〇日、産業報国連盟創立○一一月二九日、唯物論研究会事件
一四	一九三九	六一	二月二〇日、「獄中記」の稿成る○七月五日、「櫛田民蔵君に送れる書簡についての思出」の稿成る	二月、東大河合教授起訴さる○五月一一日〜九月一六日、ノモンハン事件○七月八日、国民徴用令公布○九月一日、第二次世界大戦勃発
一五	一九四〇	六二		三月八日、津田左右吉、『神代史の研究』等により起

一六	一九四一	六三	六月、保護監察所の命により左翼文献（約六四〇冊）納入○一二月二〇日、京都移住（左京区聖護院中町）
一七	一九四二	六四	一〇月二八日、「大死一番」の稿成る
一八	一九四三	六五	一月、『自叙伝』の執筆に着手○四月、転居(左京区吉田上大路町)○七月二〇日、独居自炊生活に入る（夫人、次女の看病のため大連

訴さる○九月二七日、日独伊三国同盟締結○一〇月一二日、大政翼賛会発足○一一月二日、大日本産業報国会結成

一月一五日、毛沢東「新民主主義論」発表

四月一三日、日ソ中立条約成立○八月二八日、ゾルゲ事件○一〇月一八日、東条英機内閣成立○一二月八日、太平洋戦争勃発

六月二二日、独ソ戦勃発

五月六日、ミッドウェー沖海戦、海軍大打撃をうく○九月一日、青壮年の国民登録実施○同月一四日、泊事件、細川嘉六ら検挙○一一月一日、大東亜省設置○一二月二三日、大日本言論報国会成立○同月三一日、ガダルカナル島撤退開始

この年、共産主義運動関係、検挙三二九名

五月三〇日、アッツ島の日本軍全滅○一一月五日、「大東亜共同宣言」○一二月一日、学徒出陣

二月、延安で日本人民解放連盟○同月三日、スターリングラードのドイツ軍殲滅○九月八日、イタリア、無

			に赴いたため）○一一月六日、『陸放翁鑑賞』の稿成る	条件降伏声明
一九	一九四四	六六	六月一〇日、詩歌集「雑草集」(『旅人』)を知人に送る。同月一六日、西田幾多郎氏宅を訪問す○九月一〇日、夫人、二孫を伴って帰宅す	三月一九日、女子挺身隊結成○七月七日、サイパン島で日本軍全滅○同月一〇日、『改造』『中央公論』に廃刊命令○同月一八日、東条内閣総辞職○一〇月一八日、満一八歳以上兵役に編入○同月二五日、神風特別攻撃隊出撃○一一月二四日、B29東京初爆撃
二〇	一九四五	六七	一月、この頃より栄養失調甚だしく、臥床すること多し○九月一日、「小国寡民」の稿成る○一一月五日、志賀義雄来訪○一二月九日、「垂死の床にありて」(詩)を『赤旗』に発表	四月一日、米軍、沖縄本島上陸○八月六日、広島に原爆投下○同月八日、ソ同盟対日宣戦○八月一五日、天皇終戦詔勅放送○一〇月四日、治安維持法廃止○一〇月一〇日、政治犯三千名釈放○一一月四日、大内兵衛ら七教授、東大に復帰 四月、ヤルタ会談○五月八日、独、無条件降伏調印○ 一二月一六日、モスクワ三国外相会議開催
二一	一九四六	六八	一月一七日、「同志野坂を迎へて」(詩)を発表○同月二六日、肺炎併発、症状一変○同月三〇日、午前四時五五分、生涯を終る	一月一日、天皇神格否定宣言○同月二六日、野坂参三帰国歓迎国民大会

主要参考文献

河上　肇『自叙伝』昭二二年—二三年（全四巻）世界評論社
　　　　　　　　　昭二七年（全五巻）岩波版
堀江邑一（代表）編『回想の河上肇』昭二三年　世界評論社
作田荘一著『時代の人河上肇』昭二四年　開顕社
松本　仁著『河上肇の歌と生涯』昭二四年　平書房
古田　光著『河　上　肇』昭三四年　東京大学出版会
天野敬太郎編著『河上肇博士文献志』昭三一年　日本評論新社
天野　敬太郎編『河上肇随想録』昭三一年　河出新書
住谷悦治著「河上肇博士における科学的真理と宗教的真理の統一」（『河上肇著作集』別巻）昭四〇年　筑摩書房

河上博士に関する評論・回想的資料・文献については上記の著書によって研究の手懸りはできるわけであるが、なお大内兵衛・向坂逸郎・椎名剛美・大塚有章・伊藤証信・正宗白鳥・中野重治・大宅壮一・唐木順三・桑原武夫・揖西光速・相原茂・遊部久蔵・内田義彦・三枝博音・髙桑純夫・藤谷俊夫・青地晨・杉原四郎諸氏の労作を参照されることを希望する。

著者略歴

明治二十八年生れ
大正十一年東京帝国大学法学部政治学科卒業
同志社大学教授、松山経済専門学校教授、京都新聞社論説部長、夕刊京都新聞社社長、同志社総長等を経て
現在　同志社大学名誉教授、経済学博士

主要著書
経済学史の基礎概念　日本経済学史の一齣　社会科学の基礎理論　社会思想史　経済政策原論　ラーネッド博士の人と思想

人物叢書　新装版

河上肇

昭和三十七年一月二十五日　第一版第一刷発行
昭和六十一年二月一日　新装版第一刷発行

著者　住谷(すみや)悦治(えつじ)
編集者　日本歴史学会
代表者　坂本太郎
発行者　吉川圭三
発行所　株式会社吉川弘文館
東京都文京区本郷七丁目二番八号
郵便番号一一三
電話〇三―八一三―九一五一〈代表〉
振替口座東京〇―二四四
印刷＝平文社　製本＝大和工業

『人物叢書』(新装版)刊行のことば

人物叢書は、個人が埋没された歴史書が盛行した時代に、「歴史を動かすものは人間である。個人の伝記が明らかにされないで、歴史の叙述は完全であり得ない」という信念のもとに、専門学者に執筆を依頼し、日本歴史学会が編集し、吉川弘文館が刊行した一大伝記集である。

幸いに読書界の支持を得て、百冊刊行の折には菊池寛賞を授けられる栄誉に浴した。

しかし発行以来すでに四半世紀を経過し、長期品切れ本が増加し、読書界の要望にそい得ない状態にもなったので、この際既刊本の体裁を一新して再編成し、定期的に配本できるような方策をとることにした。既刊本は一八四冊であるが、まだ未刊である重要人物の伝記についても鋭意刊行を進める方針であり、その体裁も新形式をとることとした。

こうして刊行当初の精神に思いを致し、人物叢書を蘇らせようとするのが、今回の企図である。大方のご支援を得ることができれば幸せである。

昭和六十年五月

日本歴史学会

代表者　坂本太郎

〈オンデマンド版〉
河上　肇

人物叢書　新装版

2020年（令和2）11月1日　発行

著　者　住谷悦治（すみやえつじ）

編集者　日本歴史学会
代表者　藤田　覚

発行者　吉川道郎

発行所　株式会社　吉川弘文館
〒113-0033　東京都文京区本郷7丁目2番8号
TEL　03-3813-9151〈代表〉
URL　http://www.yoshikawa-k.co.jp/

印刷・製本　大日本印刷株式会社

住谷　悦治（1895～1987）

ISBN978-4-642-75029-5